Hymne an dich

Lieber Leser, dieses Buch und die darin enthaltenen Übungen sollten von dir nur gelesen und gemacht werden, wenn du den ersten Teil von **„Super! Ich bin depressiv und auch noch aufgewacht!“** (Warum Sinnlosigkeit/Einsamkeit kurz vor und nach dem Erwachen erscheinen) bereits gelesen hast.

Falls du dich schon mit Advaita und Nondualität auskennst, kannst du dich natürlich auch jetzt schon an diesen Übungen versuchen.

Das Buch bildet die Grundlage und Einführung in die Übungen. Darin wird geschildert, warum einige Menschen, die nach Glück/Erleuchtung suchen, oft in einen Zustand kommen, in dem sich das Leben depressiv und schwer anfühlt. Ein schwarzes Loch. Das Anklopfen von Nichts. Und warum diese Menschen eigentlich die Auserwählten sind, wenn sie aufhören würden, zu suchen.

Das Erwachen steht vor der Tür. Doch Vorsicht! Auch und gerade im aufgewachten Zustand können solche „negativen“ Gefühle erscheinen.

Durch die Übungen hier im Buch kann eine Entspannung entstehen und etwas Neues durchschimmern. Das Leben in seiner puren Lebendigkeit! Da du den ersten Teil ja schon gelesen hast, können wir gleich ohne viel Vorarbeit und Einführung in die Übungen einsteigen. Doch wundere dich nicht: Im ersten Artikel gibt es eine kleine Wiederholung.

Pure Unterhaltung

Also, ich will dich nun nicht länger auf die Folter spannen. Wie du natürlich selber sehen kannst, gibt es nichts, was du tun könntest, um ein glücklicheres Leben zu führen. Denn alles, was du dafür tun würdest, würde implizieren, dass das, was genau jetzt da ist, nicht das sein sollte, was jetzt jedoch da ist. Und wenn du ankämpfst gegen das, was ist, musst du einfach verlieren. Denn das scheint doch irgendwie etwas größer zu sein, als dein Glaube an die Trennung und dass du das Leben schon irgendwie auf die Reihe bekommst. Wahrscheinlich fühlt sich jetzt alles noch hoffnungsloser an, als es sich eh schon angefühlt hat.

Doch das ist klasse, denn es gibt für die Trennungsenergie/die Illusion des Ichs absolut keine Hoffnung. Sie wird es einfach nicht schaffen, wieder Einheit zu sein und trotzdem die Oberhand zu behalten. Null Chance.

Du kannst also nichts tun und doch kann es passieren. Am ehesten kann es eintreten, wenn auf einmal gesehen wird, dass es nicht geschehen muss, dass nichts verändert werden muss. Dass alles, so wie es ist, der absolute Ausdruck von Einheit/Leben ist, auch wenn Leid, Verwirrung und Angst herrschen. Das einzige Problem daran ist, dass du denkst, es gäbe jemanden, der nicht da sein sollte bzw. jemanden, der das schon irgendwie auf die Reihe bringt.

Das ganze Leben ist pure Unterhaltung.

In diesem Buch findest du Übungen zur Unterhaltung. Sie werden zu nichts führen, du wirst nichts finden. Sie dienen nur zur Unterhaltung, so als wenn du dir einen Film anschaust. Das machst du ja auch nicht, um erleuchtet oder in unendliches Glück getaucht zu werden. Vielleicht kommen dabei Gefühle hoch, vielleicht wird es langweilig oder ein Horrortrip oder du musst die ganze Zeit weinen oder es passiert nichts und es ist einfach ein bisschen nette Unterhaltung. So solltest du die Übungen sehen, die ich nun immer „Unterhaltung" nennen werde. Die Unterhaltung ist nur zur Unterhaltung da. Soll ich noch einmal? Die Unterhaltung dient nur zur Unterhaltung. Du brauchst sie nicht zu machen, so wie du nicht ins Kino gehen musst. Doch kannst du sie auch tun. Der einzige Unterschied ist, dass es bei dieser Unterhaltung kein Popcorn geben wird. Denke daran, dass du eh keine Wahl hast; du also nicht sagen kannst, dass du das Unterhaltungsprogramm mitmachst oder nicht oder dich dafür entscheidest, oder nicht.

Auch wenn ich noch so sehr darauf hinweise, dass die Übungen bedeutungslos sind und nur der Unterhaltung dienen, werden sie benutzt, um daraus ein Konzept zu machen. Trennungsenergie wird glauben, dass sie nun eine Übung hat; dass sie dich an einen bestimmten Punkt bringen kann und es dadurch noch mehr einen scheinbaren Jemand gibt. Doch was soll's! Es ist ja nichts Schlechtes dabei, ein Jemand zu sein, der glaubt, ein Ich zu haben, zu leiden und Depressionen zu durchleben. Also kannst du eigentlich bei der Unterhaltung nur verlieren. Dieses Unterhaltungsprogramm kannst du genauso gut machen, wie dich weiter im Spiegel anzuschauen und vor Unglück zu weinen. Es macht wirklich keinen Unterschied. Natürlich gibt es die Möglichkeit, dich etwas zu entspannen. Vielleicht erkennst du, dass du so, wie du bist, vollkommen bist, weil Vollkommenheit schon immer da war - und immer noch ist und niemandem gehört. Aber das ist überhaupt nicht notwendig, denn es ist auch vollkommen, nicht zu erkennen, dass du vollkommen bist. Das wäre ja sonst eine echt bescheidene Vollkommenheit, die die Unvollkommenheit ausschließt.

Allerdings könnte ich auch sagen, wenn du die ganze Unterhaltung mitmachst, wird dein Leben nicht mehr so sein, wie es einmal war. Es wird etwas völlig Unbekanntes, ein lebendiges Wunder. Ein ständiges Staunen in das, was du dachtest, dass du eigentlich bist.

Pro Tag wird es nur ein paar Minuten dauern. Doch diese Minuten werden dir den Boden unter deinen Füßen wegziehen und nichts wird zurückbleiben als das pure Leben.

Wenn du dann vor dem Spiegel stehst und weinst, wird dahinter die Unendlichkeit durchschimmern. Und dann wirst du merken, dass die Tränen, Tränen puren Glücks sind.

So, ich hoffe, ich habe es dir doch noch etwas schmackhaft gemacht. So ganz ohne Ziel geht es halt doch nicht, auch wenn es sich bereits vor deinen Augen befindet.

Da ein Film eine begrenzte Zeit läuft, damit ein Ende der Unterhaltung in Sicht ist, will ich das hier auch so machen. Warum nicht das übernehmen, was sich einfach bewährt hat?

Wie lange die Unterhaltung dauern sollte, habe ich in jedem Kapitel angegeben. Die erste dauert zwei Minuten. Manchmal dauert eine Unterhaltung auch nur eine Minute. Ist also wirklich machbar. Es kann sein, dass du Widerstände verspürst, die Unterhaltung überhaupt zu machen, obwohl sie wenig Zeit kostet. Das ist ganz natürlich. Der Trennungsenergie geht es an den Kragen und sie versucht dich mit allen Mitteln vom Unterhaltungsprogramm abzuhalten.

Jetzt kommt es darauf an, ob sie dich im Griff hat oder du sie. Höre einfach nicht auf sie. Mach das Unterhaltungsprogramm und in deinem Leben wird etwas Neues passieren.

Natürlich empfehle ich dir, die Unterhaltungen auch durchzuziehen; gleichgültig, was in deinem scheinbaren Leben passiert. Also diese einundzwanzig Unterhaltungen auch nacheinander zu machen, das bedeutet die nächsten 21 Tage. Denn was in deinem Leben neben der 21-Punkte-Unterhaltung passiert, ist auch eine Art Unterhaltung und gehört zu dieser Unterhaltung dazu. Also, auch wenn Widerstände auftauchen, richtige Depressionen oder etwas noch „Schlimmeres“ wie extreme, ekstatische Glücksgefühle. Und bete zu Gott, *dass du davon verschont bleibst.* Das ist auch Unterhaltung. Es sollte dich nicht dazu bewegen, aufzuhören. Es gibt keine Gründe, die gut genug wären, aufzuhören. Also viel Spaß, lehne dich zurück und lass dich unterhalten.

Du kannst die Unterhaltungen auch wiederholen, falls dir eine besonders zusagt. Mach sie doch gleich am nächsten Tag noch einmal und dann vielleicht sogar am übernächsten Tag ein drittes Mal. Wende dich erst dann der nächsten Unterhaltung zu.

(Wenn du ein komisches Gefühl dabei haben solltest, ist das prima. Eigentlich hast du ja durchschaut, dass es nichts geben könnte - keine Übung, auch nicht als Unterhaltung getarnt - was dich dem näher bringen kann, das sowieso schon da ist. Natürlich macht niemand diese Unterhaltung und natürlich kann niemand auch etwas dadurch erfahren oder lernen. Doch genauso gut kann sie auch einfach gemacht werden. Vielleicht entsteht eine Entspannung. So, als würdest du ins Kino gehen, um mal etwas abzuschalten. Mehr muss es nicht sein und mehr ist es auch nicht.)

Da in diesem Buch öfter die Worte Einheit/Leben verwendet werden, gibt es eine kurze Erklärung dazu:

Im normalen Traum gibt es nur zwei Sachen. Diese bedingen sich aber so sehr, dass sie beide eins sind, da das eine ohne das andere nicht existieren könnte. Diese zwei Sachen erscheinen nur für uns getrennt voneinander, aber sie sind dasselbe. (Diese zwei Sachen können auch auf das Wachleben bezogen werden.)

Es gibt im Traum ja nur den Inhalt des Traumes. Das ist die eine Sache. Alles, was im Traum erscheint, ist dessen Inhalt: Bäume, Menschen, Häuser, Ich, Gedanken, mein Arm, meine Depression usw. Alles, was im Traum erscheint, ist der Inhalt. Es gibt absolut keinen Unterschied zwischen einzelnen Inhalten. Ob es nun ein Auto ist oder meine Augen, mit denen ich schaue, alles ist gleich. Alles ist genau aus demselben Stoff. Noch einmal: Von der Bedeutung her gibt es keinen einzigen Unterschied. Die einzige Bedeutung, die es gibt, erscheint im Traum eines Ichs. Es sagt: das ist mein Körper, das sind meine

Gedanken und diese sind vom anderen Teil des Traumes getrennt. Doch auch das ist genauso Inhalt des Traumes, so als würde der Gedanke der Trennung nicht erscheinen. Das ist alles Inhalt. Um den Inhalt des Traumes auch im normalen Leben anschaulich zu machen, nenne ich den ganzen Inhalt Leben. Alles, was Inhalt ist, ist das Leben, seien es nun: Gedanken, Gefühle, Schmerz, Auto, Bein, Stein etc.

Die zweite Sache, die neben dem Inhalt des Traumes erscheint, ist, dass der Inhalt wahrgenommen wird. Irgendetwas nimmt den Trauminhalt wahr, sonst könnte es ja nicht erscheinen. Wenn es nicht wahrgenommen wird, würde es nicht da sein. Das Wahrnehmen des Inhalts macht keinen einzigen Unterschied. Es ist nur das Wahrnehmen, gleichgültig was erscheint, auch wenn es ein Ich-Gefühl gibt, wird dieses wahrgenommen, so wie ein Grashalm. Es kann alles im Traum nur auftauchen, weil es erscheint. Das Erscheinen ist das Wahrnehmen.

Das Wahrnehmen ist daher nicht etwas Aktives, das getan wird. Es ist einfach da, weil alles erscheint. Auch das setze ich mit dem normalen Leben gleich, nur spreche ich hier von Einheit. Das, was den Traum wahrnimmt und in dem alles erscheint, ist Einheit.

Nun gibt es also nur den Inhalt des Traumes (ich nenne es: Leben) und das Wahrnehmen des Inhalts (dafür wähle ich den Namen: Einheit). Diese beiden Sachen sind eins. Inhalt kann es nur geben, wenn er wahrgenommen wird. Wahrnehmung kann nur sein, wenn es auch Inhalt gibt. Daher kann man diese beiden Sachen nicht voneinander trennen. Ich habe sie deshalb voneinander getrennt, weil man sonst nicht darüber sprechen könnte.

Das Versprechen

Du willst dieses Unterhaltungsprogramm machen. Das heißt, es gibt immer noch etwas, was glaubt, sich verändern zu müssen. Vielleicht eine neue Erfahrung zu erleben oder einen Beweis geliefert zu bekommen, einen Beweis, dass du Einheit/Leben bist. Es gibt natürlich keinen Beweis dafür, dass du das schon bist. Es gibt nur eine Vorstellung von der Trennungsenergie, wie die Erfahrung dessen wäre, was du eigentlich bist. Erst wenn diese Vorstellung erfüllt wird, wäre es auch der Beweis dafür, dass Einheit/Leben anwesend ist. Doch nur die Suche nach dem Beweis lässt eine Spannung nach Entspannung zurück.

Lass uns mit der Beweisaufnahme spielen. Sie ist da, um auch gesehen zu werden, daher werden wir damit leicht umgehen.

Schreibe hier auf, welche Beweise du nach dem Unterhaltungsprogramm brauchst, damit dein Ich endlich überzeugt ist, Einheit/Leben zu sein. Was muss nach den einundzwanzig Unterhaltungen erscheinen, welche Erfahrungen müssen gemacht werden, damit du sagen kannst: „Ja, jetzt bin ich auch Einheit/Leben!"

Schreibe diese Beweise wie ein Kind auf, so, als würde es an den Weihnachtsmann einen Brief verfassen. Es gibt keine Begrenzung. Je fantastischer, umso besser.

In dir gibt es eine Sehnsucht nach Beweisen. Drücke diese ungeniert aus, egal wie peinlich oder unspirituell sich das anfühlt.

Zum Beispiel: Erst wenn ich dauerhaft erlebe und erfahre, dass es mich nicht gibt, wird das der Beweis sein, dass ich aufgewacht bin.

Schreibe alles auf, wirklich alles und zwar jetzt - noch bevor du weiterliest.

Je mehr Sätze du aufschreibst, umso besser.

1.____

2.____

3.____

4.____

5.____

6.____

7.____

8.____

9.____

10.____

Deine Beweise sind auch meine. Danke, dass du sie aufschreibst.

Nun werden wir einen dualistischen, magischen Trick anwenden:

Du wirst das alles noch einmal aufschreiben, aber diesmal so, als wird dieses auch erfüllt werden. Wünsche nach Beweisen können nur existieren, weil sich auch gleichzeitig die Angst breit macht, dass sich diese Wünsche erfüllen könnten. Dein Selbstbild besteht nur aus Angst und Wünschen. Hinter jedem Wunsch steht die Angst vor der Erfüllung. Wenn dies nicht wäre, gäbe es keinen Wunsch. Nur dieser Wunsch erschafft die Illusion der Trennung und ein Selbstbild. Ohne ihn wärst du nicht mehr da und auch keine Welt. Dieses gilt für jeden noch so kleinen Wunsch, auch wenn es nur der Wunsch nach einem tolleren Wagen ist. Wenn du es dir leisten könntest, würdest du dir diesen Wagen sofort holen. Wenn es dir nicht möglich ist, musst du etwas dafür tun, vielleicht jahrelang. Das erhält die

Welt aufrecht. Vielleicht wird in dir, wenn du dann den tollen Wagen besitzt, eine Leere entstehen, dort, wo vorher der Wunsch den Platz einnahm. Diese Leere, die erst einmal eine Entspannung da sein lässt, die sich als Glücksgefühl zeigt, will bald wieder gefüllt werden.

Hinter jedem Wunsch und auch letztendlichem Beweis steht die Angst vor der Leere, die sich nach der Erfüllung auftun könnte.

Nur durch Wünsche wird die Illusion der Trennung erschaffen und aufrechterhalten. Der Wunsch nach Einheit beinhaltet auch das Sterben der Trennung. Natürlich steckt Angst dahinter. Nur durch die Angst kann überhaupt der Wunsch präsent sein. Das Leben in der Illusion, in der Trennung, ist eine Gratwanderung und ein Zerrissensein zwischen Wunsch und Angst. Schau dir deine Wünsche an und erkenne die subtile Angst dahinter, dass diese auch erfüllt werden könnten - dauerhaft und für immer. Würdest du es wirklich wollen, dauerhaft und für immer, dich selbst zu lieben? Dauerhaft und für immer kein Ich zu haben? Dauerhaft und für immer glückselig und voller Ekstase zu sein? Die Trennungsenergie besteht nur aus Wünschen und der Hoffnung, dass diese auch in der Zukunft erfüllt werden. Doch Trennungsenergie will eigentlich gar nicht die Erfüllung, dann wäre sie nämlich arbeitslos und müsste sterben. Dahinter steckt immer das Anklopfen der Leere.

Schau dir deine Wünsche und deine Beweise an, die du glaubst zu brauchen und bemerke auch die Angst, die dahinter steht. Die Trennungsenergie ist genauso, wie sie sein will. Du bist genauso, wie du sein willst und wie es sein soll. Wünsche und Angst. Wird dies durchschaut, bleibt das unmittelbare Leben da. Lass uns deine speziellen Wünsche anschauen und die Angst, die sie aufrechterhält. Leere und Unendlichkeit sind schon vorhanden.

Lass uns dieser Leere begegnen. Schreibe alle Punkte von oben noch einmal auf, aber dieses Mal mit dem Zusatz, dass es auch passieren wird und sprich diese laut und ohne Zweifel aus. Das ist ganz wichtig. Also nicht mit einem Fragezeichen am Ende, sondern mit einem Ausrufezeichen! Wiederhole einen Satz so lange, bis dieser ohne Zweifel ausgesprochen ist. Dann wirst du auch die Erfüllung dieser Beweise hundertprozentig erleben. Fühle die Angst, die hochkommt, wenn du einen Satz ohne Zweifel geäußert hast. Doch nehme diese nur wahr, bleib weiter für ein paar Sekunden im Vertrauen und lass den Satz dann ausklingen. Mache danach das Gleiche mit einem anderen Satz. Wenn dein Selbstbild in sich zusammenfällt, dann können auch Wünsche entstehen, die einfach nur aus einer Freude da sind. Sie sind dann keine Beweise für Mangel.

Zum Beispiel: „Ich **werde bis zum Ende der einundzwanzig Unterhaltungen** dauerhaft erleben, dass es mich nicht gibt und das ist der Beweis dafür, dass ich aufgewacht bin."

Es ist sehr wichtig, dass du das Wort „**werde**" einbaust und bis wann du das erlebt haben sollst.

Lass uns nach den einundzwanzig Unterhaltungen dann noch einmal schauen, ob es in dir weitere Beweise gibt, die erfüllt werden müssen. Bis dahin kannst du nun alles vergessen.

1. Unterhaltung

Für diesen Tag nehme dir auch einen Beweis vor, den du glaubst zu brauchen, dass du endlich überzeugt bist, aufgewacht zu sein. Sprich diesen laut und ohne Zweifel aus:

Zum Beispiel: „**Heute werde** ich mich lieben und glücklich sein!"

Schreibe den Beweis für heute hier auf, denke daran, dass du wieder das Wort „werde" verwendest.

Heute werde ich……………………………………………

Wenn du den Satz aufgeschrieben und laut ausgesprochen hast, fühle auch die Angst, die sich bemerkbar macht; die Angst davor, dass dieser Wunsch dauerhaft und für immer erfüllt wird.

Die erste Unterhaltung dient nur dazu, sich zurechtzufinden. Einfach mal das wahrzunehmen, was wirklich da ist. Keine Geschichte daraus zu machen, indem du in die Zukunft oder Vergangenheit abschweifst. Nur das zu sehen, was da ist. Es wahrzunehmen, damit du weißt, worum es in deinem Leben eigentlich geht oder nicht gehen sollte, sondern tatsächlich um das geht, was da ist, und von dir auch gesehen wird.

Du wirst durch diese Unterhaltung nicht in der Gegenwart sein, das Hier und Jetzt erleben, das so viele spirituelle Schulen anstreben, denn das ist für die Trennungsenergie unmöglich.

Alle Sinneswahrnehmungen, Gedanken oder Gefühle, die auftauchen, sind schon immer in der Wahrnehmung, die unmittelbar ist. Jedes Konzept, dich in die Gegenwart zu holen, bedeutet, dass du nicht in dem bist, was völlig frei von Konzepten ist. Du hast also ein neues Konzept, um dich von dem zu trennen, was schon längst da ist. Trennungsenergie kann dir also nie die Erfahrung ermöglichen, im Hier und Jetzt zu sein. Also entspanne dich. Es geht nicht darum, durch diese Unterhaltung irgendetwas zu verändern. Nicht einmal, dich in die Gegenwart zu holen, da es kein Ich gibt und alles schon das Gegenwärtige ist.

Sobald du dieses hier liest, mache bitte für gefühlte ein bis zwei Minuten diese Unterhaltung. Sage in dieser Zeit, am besten laut, was genau du wahrnimmst.

(Da man die ganze Zeit etwas wahrnimmt, fühlt oder

denkt, wird während der Unterhaltung die komplette Zeit geredet. Wenn du laut sprichst, ist es super, du kannst es aber auch leise in Gedanken tun. Wichtig ist, wie ich schon erwähnte, dass du während der Unterhaltung ohne Pause redest. Lass keine Abschweifung oder andere Gedanken zu.

Falls du dann doch vergisst, deine Übung zu machen und du dich wieder daran erinnerst, dann sage genau das, was passiert ist: „*Ich habe vergessen, die Unterhaltung zu machen und erinnere mich gerade wieder.*“ Dieses gilt für alle einundzwanzig Unterhaltungen.)

Beispiel:

Ich fühle Unruhe. Ich nehme wahr, dass ich denke. Ich fühle Angst. Ich gehe. Ich sehe Bäume. Ich fühle Erleichterung. Ich fühle im rechten Knie einen Schmerz. Ich habe Hunger. Ich habe vergessen, die Unterhaltung zu machen und erinnere mich gerade wieder. Ich atme. Ich fühle mich.

Es ist sehr wichtig, dass du den Gedanken nicht hinterherläufst. Gedanken sind erst einmal nicht wichtig. Du solltest während der Unterhaltungszeit nur das beschreiben, was du fühlst, wahrnimmst oder tust.

Also nicht: Ich denke jetzt über morgen nach. Und ja, morgen werde ich Fußball spielen. Da könnte es ja regnen. Ach, das wäre schade.

Nein, bleibe in der Gegenwart und beschreibe nur das, was du gerade fühlst, wahrnimmst oder tust. Du kannst sagen, dass du wahrnimmst, dass du denkst. Aber folge deinen Gedanken nicht. Lass dich nicht von ihnen verzaubern und dich einlullen.

Bleibe hier! Was fühlst du? Was nimmst du wahr? Was tust du gerade?

Dieses gilt für alle Unterhaltungen. Es kann sein, dass es dir erst einmal schwer fallen wird, weil du es so gewohnt bist, deinen Gedanken zu folgen. Doch es wird immer einfacher für dich werden und umso weniger lässt du dich in die Irre führen.

Jede Unterhaltung solltest du sofort machen (am besten in der ersten Hälfte des Tages), wenn du das Buch in die Hand nimmst. Die Zeit dafür dauert nur ein bis zwei Minuten.

Es könnte aber auch sein, dass du das Buch ein zweites Mal, vielleicht ein drittes oder sogar ein viertes Mal an einem Tag in die Hand nimmst. Dann kannst du gerne noch einmal jeweils dieselbe Unterhaltung für ein, zwei Minuten machen. Dieses gilt für alle nachfolgenden Unterhaltungen. Natürlich kannst du die Unterhaltung auch länger als ein bis zwei Minuten machen.

Mach bitte diese erste Unterhaltung jetzt für gefühlte ein bis zwei Minuten.

2. Unterhaltung

Erinnere dich an gestern und deinen ausgesprochenen Beweis. Wurde dieser qualitativ erfüllt? Es geht nicht darum, wie quantitativ dieser erfüllt worden ist, sondern nur, ob - auch wenn es nur für eine Sekunde war - die Qualität erfüllt wurde. Einheit/Leben denkt nicht an Quantität, sondern nur an Qualität! Und zwar denkt Einheit/Leben nur diesen Moment an die Qualität und jede Erinnerung, die aufsteigt, erscheint in diesem Moment. Wenn der Beweis qualitativ erfüllt worden ist, dann suche dir einen neuen Beweis für heute, ansonsten nehme den gleichen von gestern noch einmal.

Schreibe den Beweis für heute hier auf und spreche ihn dann wieder ohne Zweifel laut aus:

Heute werde ich……………………………………………

Wenn du den Satz aufgeschrieben und laut ausgesprochen hast, fühle auch die Angst, die sich bemerkbar macht, die Angst davor, dass dieser Wunsch dauerhaft und für immer erfüllt wird.

Ich-Vorstellungen sind immer mit der Zukunft oder Vergangenheit verknüpft. Ich-Vorstellung hat immer etwas mit Gedanken zu tun. Eigentlich besteht sie nur aus Gedanken. Das Ich-Empfinden ist immer jetzt, ist immer ein Fühlen von dir selbst - nur das Fühlen in der Gegenwart, ohne Gedanken. Am Anfang ist es schwer, hier eine Unterscheidung zu treffen, da du gewohnt bist, immer nur in der Ich-Vorstellung/Denken zu sein, und die Ich-Empfindung nicht wahrgenommen wird. Doch sie ist immer da und muss ja auch da sein. Denn wie du ja schließlich bemerkst, gibt es dich ja.

Fühle dein Ich, fühle dich selbst. Geh aus der Ich-Vorstellung heraus. Gehe nur in die Ich-Existenz-Empfindung hinein. Nur das reine Existenz-Gefühl, nur das, was gerade im Fühlen und im Wahrnehmen auftaucht. Dieses ist immer im jetzigen Moment. Dieses umarmt immer das, was gerade ist in dir. Dieses ist einfach das, was gerade empfunden wird, was du jetzt gerade bist. Es ist genau das Gefühl, das jetzt gerade da ist (nur ohne zusätzliche Gedanken). Es ist genau das Existenz-Gefühl, das jetzt wahrgenommen wird. Nicht mehr und nicht weniger. Jeder Gedanke taucht einfach auf und vergeht wieder in deiner Unendlichkeit.

Nehme dir jetzt dafür gefühlte ein bis zwei Minuten Zeit, um zu empfinden.

<u>Dann:</u>

In der Ich-Empfindung ist alles bedeutungsvoll. Jedem Stein, jedem Wesen, jedem Gedanken wird eine Bedeutung gegeben. Sie wird von der Ich-Vorstellung benützt, um Beziehungen zu vermeiden, um nicht verlassen zu werden, um keine Schmerzen zu erfahren. Alles, was du hast und was dich umgibt, erscheint in der Ich-Empfindung als Beziehung.

Was empfindest du für deine Hände, für deinem Körper? Welches Gefühl löst das Haus in dir aus, an dem du jeden Morgen vorbei gehst? Der Duft von Kuchen? Alles spiegelt deine Bedeutung und Beziehung wider. Darin liegt eine Vertrautheit und Liebe, die jeden Moment übersehen wird, da sie in die Beziehungs- und Bedeutungslosigkeit gehoben wird. Doch die Beziehung, die Empfindung, die hochkommt, ist der Zugang zum Universum, zu dem Nichts, das alles ist. Lass dich in die Bedeutung von allem hineinfallen. Schau dich um und erlaube dir, die Beziehung zu sein. Ruhe in der Ich-Empfindung, in dem, was gerade da ist. Lass dann die Bedeutung zu, die jede Beziehung für dich widerspiegelt. Fühle die Urvertrautheit.

Die Unendlichkeit der Widerspiegelung. Das Erahnen des Unsterblichen, des Ewigen in der Bedeutung. Das, worauf du dich beziehst, ist alles, was du bist. Das ist der Moment in seinen köstlichen Farben. (Buch: „Super! Ich bin depressiv und auch noch aufgewacht!“)

Nehme dir jetzt dafür gefühlte ein bis zwei Minuten Zeit, um Beziehung und Bedeutung zuzulassen.

Dann:

Tagesunterhaltung:

Im Laufe des Tages wird dir alles Mögliche begegnen. Lass jede Bedeutung zu, die sich dir zeigt. Jede Beziehung, die durchschimmert. Das Trinkglas. Es gehörte deiner Oma. Es ist ein besonderes Glas. Es ist einzigartig. Es ist das einzige Glas, das es auf der Welt gibt. Das ganze Universum in Form dieses Glases, steht vor dir. Du fühlst die Liebe zu deiner Oma, aber auch die Sehnsucht nach ihr. Alles hat eine Bedeutung. Wirklich alles.

3. Unterhaltung

Erinnere dich an gestern und deinen ausgesprochenen Beweis. Wurde dieser qualitativ erfüllt? Es geht nicht darum, wie quantitativ dieser erfüllt worden ist, sondern nur, ob - auch wenn es nur für eine Sekunde war - die Qualität erfüllt wurde. Einheit/Leben denkt nicht an Quantität, sondern nur an Qualität! Und zwar denkt Einheit/Leben nur diesen Moment an die Qualität und jede Erinnerung, die aufsteigt, erscheint in diesem Moment. Wenn der Beweis qualitativ erfüllt worden ist, dann suche dir einen neuen Beweis für heute, ansonsten nehme den gleichen von gestern noch einmal.

Schreibe heute - in der dritten Person - einen Beweis auf und spreche diesen dann wieder ohne Zweifel laut aus:

Zum Beispiel: (Dein Name) **wird heute** die Unendlichkeit erfahren!

(Dein Name) **wird heute** ______________________________

Wenn du diesen Satz aufgeschrieben und laut ausgesprochen hast, fühle auch die Angst, die da ist. Es ist die Angst davor, dass dieser Wunsch dauerhaft und für immer erfüllt werden wird.

Es gibt ja kein Ich, jedoch ist die Trennungsenergie immer noch da (daher scheint es ja für dich noch ein Ich zu geben).

Diese Unterhaltungsmöglichkeit ist eine gute Chance, in die verstaubte Ich-Vorstellung etwas neuen Wind zu bringen. Dadurch können mal für einen Moment alle Geschichten aufhören, die um die Wahrnehmung gesponnen werden. Sobald du sagst: „Ich habe Angst“, entsteht schon eine Geschichte dazu. Beispielsweise, woher diese Angst kommt und was noch alles in der Zukunft passieren könnte. Wenn diese Dinge in der dritten Person ausgesprochen werden, besteht eine große Wahrscheinlichkeit, dass sich die Emotionen dem Ereignis gegenüber verringern. Das stoppt die Geschichte bereits im Ansatz. Dadurch können Gefühle intensiver erlebt werden, weil sie nicht mehr dieser starken Kontrolle unterzogen werden. Sie dürfen sich endlich wieder ausdehnen und das sein, was sie sind.

Es könnte passieren, dass die Trennungsenergie etwas weniger Saft bekommt und dadurch kann das, was auftaucht, auch wieder verschwinden. Das Ich wird auf einmal mehr zu einer Figur, die gespielt wird. Geschieht dies in einer gewissen Entspannung, kann sich deine Persönlichkeit nun mehr entfalten, da sie durch weniger enge Vorstellungen gebremst wird. Sie kann endlich mehr aus sich heraus leben, mehr zeigen, mehr von dem erfahren, was sie eigentlich ist. Es könnte passieren, dass dadurch Gefühle intensiver werden oder neue Gefühle wahrgenommen werden. Was für ein riesiger Spaß.

Du sagst heute in der Unterhaltung, was genau du wahrnimmst, was genau passiert, allerdings in der dritten Person.

Beispiel:

(Dein Name) ist verwirrt. (Dein Name) merkt, dass er denkt. (Dein Name) sieht die Bäume. (Dein Name) spürt den Wind. (Dein Name) hat Angst. (Dein Name) fühlt sich einsam und ungeliebt.

Denke wieder daran, nicht deinen Gedanken zu folgen, sondern nur das zu sagen, was du gerade fühlst, wahrnimmst oder tust. Natürlich in der dritten Person.

Dir kann auch durchaus bewusst werden, dass du denkst und worüber du nachsinnst. Auch diese Gedanken dürfen auftauchen. Doch darfst du ihnen nie folgen, sonst geht es wieder nur um das Fühlen, Wahrnehmen und Tun.

Nehme dir jetzt dafür gefühlte ein bis zwei Minuten Zeit.

Dann:

Tagesunterhaltung:

Immer, wenn du im Laufe des Tages daran denken solltest, mach diese Unterhaltung, auch wenn es nur ein oder zwei Sätze sind. Sei ganz entspannt und führe sie durch, wenn du Lust dazu verspürst.

Zwischenunterhaltung

Du hast ja im ersten Buch „Super! ich bin depressiv und auch noch aufgewacht!" erkannt, dass niemand das Suchen beenden kann. Es gibt aber immer noch diese feine Energie, die du ja glaubst, zu sein und die etwas sucht. Lass uns dieser Energie noch etwas Futter geben, bis sie vielleicht durch die weiteren Unterhaltungen nicht mehr gefüttert werden will.

Sobald Trennungsenergie da ist, also Gefühle aus der Einheit herausgefallen sind, existiert immer noch die Sehnsucht, zur Einheit zurückzukehren. Diese Sehnsucht ist eigentlich nichts anderes als die Sehnsucht nach der Liebe. Nur die Liebe kann die Trennungsenergie wieder auflösen. In ihr löst sich auch das Ich auf und dadurch kann endlich wieder die Einheit erscheinen.

Liebe ist eine scheinbare Brücke für das Ich, mal kurz zu verschnaufen und auszuatmen. Daher geht es das ganze Leben eigentlich nur darum, Liebe zu finden, um wieder zur Einheit zurückzukehren. Diese Sehnsucht nach der allumfassenden, göttlichen Liebe zeigt sich in der Suche nach etwas anderem. Der Antrieb hinter jeder Suche, sei es nach Glück oder Geld, nach einem Partner oder was auch immer, ist die ständige Suche nach Liebe. Begleitet wird sie von der Hoffnung, dass der Schmerz der Trennung geheilt wird und dieser sich ganz auflöst. Das ganze Leben besteht nur aus dieser einen Suche, die sich in tausend anderen Suchablegern widerspiegelt.

Wir laufen wie betrunken durch unser ganzes Leben, um etwas Liebe zu bekommen, sei es von anderen Menschen, Umständen, Tieren, Kindern, Gott oder einem Erleuchteten. Jedes Ding und jedes Wesen wird nur letztendlich als ein Sprungbrett angesehen, um wieder zur Einheit zurückzukehren. Wir glauben, dass uns scheinbar etwas anderes erlösen könnte, deshalb schauen wir immer nach außen und niemals auf uns selbst. Da wir versuchen, Liebe zu bekommen, müssen wir auch etwas dafür geben - dafür verbiegen und verleugnen wir uns.

Die Angst vor Zurückweisung bekommt dadurch einen ganz neuen Stellenwert. In diesem Moment wird die Einheit unerreichbar. Niemals kann sie erfahren werden. Niemals wird sie sich offenbaren. Für immer bleiben Trennung und Einsamkeit. Je trauriger ein Mensch ist, umso mehr will er geliebt werden. Umso mehr trügt ihn das Gefühl, die Liebe könnte ihn retten. Wenn doch nur andere Menschen ihm dieses Gefühl geben könnten. Da dies aber nicht der Fall ist, bedeutet das, dass man selbst nicht liebenswert ist. Und nun geht die Suche nach der Liebe von anderen oder nach Sachen, die man haben möchte, verstärkt weiter.

Je depressiver du bist, umso größer fühlst du das Verlangen nach Liebe in dir und umso mehr verstärkt sich das Gefühl, dass sie unerreichbar ist, dass sie alle anderen "trifft", nur dich nicht. Du musst für immer im Schmerz bleiben. Doch genau da kann das Wunder geschehen.

Was würde passieren, wenn du absolut keine Liebe mehr suchst und dir nun hoch und heilig versprichst, dass du sofort mit der Suche nach ihr aufhörst? Du ersehnst sie dir nicht mehr von anderen Menschen. Radikal und jetzt.

Sofort kommt die Angst hoch, dass dadurch auch nie die Trennung überwunden werden könnte. Doch das ist ein Trugschluss.

Nur durch die Suche nach Liebe bleibt die Trennung erhalten. Du gehst durch die Natur oder in deinen Einkaufsladen und suchst bewusst weder Liebe noch Abweisung im Außen. Die Sucht nach Liebe hält dich nicht mehr gefangen.

Was bliebe dann? Vielleicht könnte dann alles um dich herum sein, so wie es ist: jeder Mensch, jedes Tier und jeder Stein. Niemand müsste dich erlösen und der Druck, dich zur Einheit zurückzuführen, wäre überflüssig. Wahrscheinlich würdest du überrascht sein, dass die Welt dich auf einmal anlächelt. Du bist selbst zur Liebe geworden bist, weil du die Liebe nicht mehr woanders suchst und keinen Menschen mehr vergewaltigst. Du willst keine Situation mehr verändern und somit wird das Trennungsgefühl unbemerkt von selbst verschwinden. Es kann dann nur fühlbare Einheit zurückbleiben. Nichts kann dir diese Liebe geben und wenn du die Suche nach ihr aufgibst, bleibt dein Leben völlig entspannt. Du bleibst zurück - ohne Anspannung. Vielleicht gibt es dich sogar in diesem Moment dann nicht mehr. Dein ganzes Leben könnte sich von einer Sekunde auf die andere total und gnadenlos verändern. Du bist in diesem Moment kein Opfer mehr, das immer lauter nach der Liebe schreit. Die anderen Menschen müssen sich nicht mehr die Ohren zuhalten. Du bist selbst zu dem geworden, was du immer gesucht hast. Deine Opferhaltung fällt einfach und plötzlich in sich zusammen.

Höre auf, die Liebe und das Geliebtsein jetzt und hier, in jedem Moment und in jeder Situation bei anderen Menschen zu suchen. Gebe dir hier und jetzt dieses Versprechen. Wenn du eine Schnellfahrt ins Paradies haben möchtest, dann benutze sie auch. Jetzt! Jedes Mal, wenn du bemerkst, dass du die Liebe in einem anderen Menschen suchst - halte inne. Stopp! Und höre auf, sie zu suchen. Sofort. Es wird einfach passieren.

Da du dieses hier liest, ist es so weit. Du brauchst keine Liebe mehr. Die Welt hat dir keine Erlösung mehr zu bieten. In diesem Moment hört deine Sucherei auf. Du bleibst vorerst zurück. Wahrscheinlich wirst du dann Liebe verspüren, doch auch davon lass dich nicht ablenken. Wahrscheinlich wird das Gefühl, dass du nicht liebenswert bist und dich verändern musst, sofort aufhören. Lass dich auch davon nicht ablenken. Wenn du keine Liebe mehr im Außen suchst, musst du dich auch nicht „verbiegen", um geliebt werden zu können.

Du kannst dann sogar aufhören, die Liebe bei dir selbst zu suchen. Dieser ewige Motor auf der Suche nach Selbstliebe kann sofort sterben.

Was bleibt? Du! So wie du bist! Du bist zur Quelle geworden. Sie war immer da, aber die Suche nach der Quelle hat dich abgelenkt. Lass sie sprudeln, von alleine. Ohne Suche nach Liebe sprudelt sie immer mehr - unendlich und immer umfassender. Du wirst dann vielleicht Sachen tun, die dir Spaß machen. Vielleicht berührst du Menschen und schenkst ihnen ein Lächeln und sie müssen dir nichts zurückgeben. Sogar ihre Abweisung ist das Leben. Die Quelle bleibt unberührt und kann weiter sprudeln. Erinnere dich jeden Tag, jede Minute daran und entscheide dich, auch wenn du schon weißt, dass es keine Entscheidung gibt und alles nur eine Illusion ist. Entscheide dich und höre sofort auf, die Liebe zu suchen. Dann bleibt nur Liebe.

Entscheide dich wieder und immer wieder aufs Neue: jeden Tag, während der nächsten Unterhaltungen, in jeder Situation und in jedem Augenblick. Du sehnst dich nicht mehr nach Liebe und dem geliebt werden von anderen Menschen, Tieren, Göttern und auch Dingen. Sogar die Liebe zu dir selbst suchst du nicht mehr.

Schreibe hier in der Vergangenheitsform auf, bei wem oder wo du bis jetzt die Liebe gesucht hast. Je mehr, umso besser.

Zum Beispiel: Ich suchte die Liebe bei mir selbst. Ich suchte die Liebe bei meinem Guru. Ich suchte die Liebe bei fremden Menschen. Ich suchte die Liebe bei meinen Kindern. Ich suchte die Liebe bei Gott ...

1.____

2.____

3.____

4.____

5.____

6.____

7.____

8.____

9.____

10.____

11.____

12.____

13.____

14.____

Erkenne deine Suche, die dich selbst total von dir entfernt hat, weil das Ziel der Suche ja schon da war, immer, jederzeit. Jetzt und hier.

Mach deine Augen zu und sieh dein Leben, wie es aussehen und sich anfühlen würde, wenn du keine Liebe mehr bei anderen suchst. Fühle dich dort hinein. Immer weiter. Lass dich da hineinfallen. Lass alle Leute und Situationen, die du aufgeschrieben hast, noch einmal vor deinen geschlossenen Augen Revue passieren. Sehe, wie du vor ihnen stehst, ohne von ihnen Liebe zu erwarten. Je mehr Situationen oder Menschen dir einfallen, umso besser. Gib jedem Bild die Chance da zu sein, ohne Liebe zu erpressen. Einfach da sein. Stehe auch vor dir selbst, ohne die Liebe bei dir zu suchen.

Erinnere dich in den nächsten Tagen daran, damit aufzuhören, dich weiter nach Liebe zu sehnen. Total und gnadenlos. Falls die Suche immer mal wieder durchkommt, beende sie in diesem Moment.

Um weiter mit der Liebe zu spielen, die du nun nicht mehr suchst, kannst du Folgendes machen:

Kannst du dich noch an die Übung erinnern, in der du jemandem deine Liebe gestehst? (Buch: „Super! Ich bin depressiv und auch noch aufgewacht!“)

Es ist einfach so, dass die Liebe das Einzige ist, was das Gefühl der Getrenntheit in sich umarmt. Liebe ist das Einzige, das dem Ich ein Bein stellt und wenn es dann fällt, fällt es in die Umarmung. Das Ich kann einfach nicht in der Liebe bestehen. Es muss sich darin auflösen und dann wird erkannt, dass es das Ich niemals gab. Liebe kann niemand erzwingen. Doch hier kann der Liebe eine Brücke gebaut werden und wenn das Ich darüber geht, ist es schon verloren.

(Falls dir diese Übung zusagt und Spaß macht, kannst du sie jederzeit während der nächsten Tage wiederholen. Setze alles ein, was dir in den Sinn kommt. Du kannst Objekte auswählen, wie z. B. einen Sessel oder eine Pflanze, aber auch Gedanken, Gefühle, Wahrnehmungen, Lebendiges, Totes, Gott - einfach alles.)

Doch hier denkst du an einen Menschen, der dir fehlt und nach dem du Sehnsucht verspürst. Er kann bereits gestorben oder in deinem Leben einfach nicht mehr präsent sein. Ein Bild, das du dir ansehen kannst, würde dich sehr unterstützen.

Sage zu dem Menschen laut Folgendes:

(Name des Menschen), ich liebe dich und werde dich immer lieben, gleichgültig, ob du mich geliebt hast oder nicht.

(Name des Menschen), ich liebe dich und werde dich immer lieben, gleichgültig, ob du meine Liebe zurückgewiesen hast oder nicht.

(Name des Menschen), ich liebe dich und werde dich immer lieben, gleichgültig, ob du vergänglich bist oder nicht.

(Name des Menschen), ich liebe dich und werde dich immer lieben, gleichgültig, ob du mich jemals verlassen hast oder nicht.

(Name des Menschen), ich liebe dich und werde dich immer lieben, gleichgültig, ob du da bist oder nicht.

(Name des Menschen), ich liebe dich und werde dich immer lieben, gleichgültig, ob ich es spüre oder nicht.

Gemacht? Sehr gut.

Und nun diese kleine Übung über dich.

Sage Folgendes laut zu dir:

Ich liebe mich und werde mich immer lieben, gleichgültig, ob ich mich liebe oder nicht.

Ich liebe mich und werde mich immer lieben, gleichgültig, ob ich meine Liebe zurückweise oder nicht.

Ich liebe mich und werde mich immer lieben, gleichgültig, ob ich vergänglich bin oder nicht.

Ich liebe mich und werde mich immer lieben, gleichgültig, ob ich mich jemals verlassen werde oder nicht.

Ich liebe mich und werde mich immer lieben, gleichgültig, ob ich da bin oder nicht.

Ich liebe mich und werde mich immer lieben, gleichgültig, ob ich es spüre oder nicht.

Gemacht? Klasse!

So, nun wird's heftiger. Suche dir für diese Unterhaltung einen „echten" Menschen. Sag ihm, dass diese Übung in einem Buch steht und du sie als Aufgabe bekommen hast, um mehr in die Liebe zu gehen. Frage ihn dann, ob er bereit ist, da mitzumachen. Er muss nichts tun, einfach nur zuhören. Du kannst das Buch auch mitnehmen und immer nachlesen, wenn du vergessen hast, wie der Satz lautet.

Wenn du echt niemanden findest, dann rufe jemanden an. Wenn du wirklich eher sterben willst, als dies durchzuziehen, dann lasse es. Dann mach es mit dem Bild eines geliebten Menschen, den du nicht verlieren willst.

Sage zu dem Menschen laut Folgendes:

(Name des Menschen), ich liebe dich und werde dich immer lieben, gleichgültig, ob du mich liebst oder nicht.

(Name des Menschen), ich liebe dich und werde dich immer lie-

ben, gleichgültig, ob du meine Liebe zurückweisen wirst oder nicht.

(Name des Menschen), ich liebe dich und werde dich immer lieben, gleichgültig, ob du vergänglich bist oder nicht.

(Name des Menschen), ich liebe dich und werde dich immer lieben, gleichgültig, ob du mich jemals verlassen wirst oder nicht.

(Name des Menschen), ich liebe dich und werde dich immer lieben, gleichgültig, ob du da bist oder nicht.

(Name des Menschen), ich liebe dich und werde dich immer lieben, gleichgültig, ob ich es spüre oder nicht.

4. Unterhaltung

Erinnere dich an gestern und deinen ausgesprochenen Beweis. Wurde dieser qualitativ erfüllt? Es geht nicht darum, wie quantitativ dieser erfüllt worden ist, sondern nur, ob - auch wenn es nur für eine Sekunde war - die Qualität erfüllt wurde. Einheit/Leben denkt nicht an Quantität, sondern nur an Qualität! Und zwar denkt Einheit/Leben nur diesen Moment an die Qualität und jede Erinnerung, die aufsteigt, zeigt sich nur in diesem Moment. Wenn der Beweis qualitativ erfüllt worden ist, dann suche dir für heute einen neuen Beweis, ansonsten nehme den gleichen von gestern noch einmal.

Schreibe heute - in der dritten Person - einen Beweis auf und spreche diesen wieder ohne Zweifel laut aus:

(Dein Name) **wird heute** ______________________________

Wenn der Wunsch und die Angst zusammenfallen, bleibt immer dieser eine Augenblick zurück. In diesem können dann auch Wünsche und Ängste erscheinen.

Bevor ich diese Unterhaltung vorstelle, will ich dich noch einmal an etwas erinnern. Es kann sein, dass als Begleiterscheinung dieser Unterhaltungen Gefühle entstehen, die sich scheußlich anfühlen, wie z. B. das Gefühl der Sinnlosigkeit. Denn es wird immer mehr der Antrieb des Motors abfallen, der dich nun schon jahrelang begleitet: eine Vision, deine Zukunft betreffend, eine Hoffnung, ein Suchen. Dieser Motor könnte immer langsamer werden. Das fühlt sich erst einmal nicht gerade prickelnd an, sondern leer, sinnlos, kahl und öde. Du hattest dich ja schon so sehr daran gewöhnt. Doch nun kann das Unbekannte auch durchschimmern. Hinter dieser Trostlosigkeit, die dich angetrieben hat, wartet etwas Neues, Lebendiges. Es muss Luft zum Atmen bekommen. Gib ihm Zeit, größer zu werden. Falle nicht auf die Leere herein. Lass alles da sein und mach einfach weiter. Die Leere wird dann zur Fülle.

Sage zu dir nun laut Folgendes (oder leise):

Einheit/Leben liebt *(dein Name)* und wird *(dein Name)* immer lieben, gleichgültig, ob *(dein Name)* sich selber liebt oder nicht.

Einheit/Leben liebt *(dein Name)* und wird *(dein Name)* immer lieben, gleichgültig, ob *(dein Name)* die Liebe zurückweist oder nicht.

Einheit/Leben liebt *(dein Name)* und wird *(dein Name)* immer lieben, gleichgültig, ob *(dein Name)* vergänglich ist oder nicht.

Einheit/Leben liebt *(dein Name)* und wird *(dein Name)* immer lieben, gleichgültig, ob *(dein Name)* Einheit/Leben jemals verlassen hatte oder nicht.

Einheit/Leben liebt *(dein Name)* und wird *(dein Name)* immer lieben, gleichgültig, ob *(dein Name)* da ist oder nicht.

Einheit/Leben liebt *(dein Name)* und wird *(dein Name)* immer lieben, gleichgültig, ob *(dein Name)* das spürt oder nicht.

Dann:

Benenne deine Probleme in der dritten Person. Zum Beispiel:

Er hat Depressionen und will sie loswerden. Danach erkenne, dass die Depression genau die Lösung ist, die als Einheit/Leben erscheint. Versuche langsam zu sehen und zu fühlen, dass das Problem die Lösung für diese Person ist. Dass genau das, was es ist, genau das sein soll, damit es so bei ihr erscheint. Du weißt nicht genau, warum oder wieso. Es ist die Lösung. (Warum es keine Probleme gibt, findest du im Buch: „Super! Ich bin depressiv und auch noch aufgewacht!".)

Nehme dir jetzt dafür gefühlte ein bis zwei Minuten Zeit.

Dann:

Tagesunterhaltung:

Im Laufe des Tages werden der Person weitere Probleme begegnen. Immer, wenn ihr ein Problem begegnet oder sie über eines nachdenkt, erinnert sie sich daran, dass es schon die Lösung ist. Sie soll es wirklich als Lösung sehen, so lange, bis sie nicht mehr weiß, was daran das Problem sein sollte. Und das alles in der dritten Person.

Die Person soll sich aber auch entspannen, falls es nicht funktioniert und die Tagesunterhaltung ganz locker angehen. Denn auch das Problem wäre schon die Lösung. Vielleicht erinnert sie sich ja!

5. Unterhaltung

Erinnere dich an gestern und deinen ausgesprochenen Beweis. Wurde dieser qualitativ erfüllt? Es geht nicht darum, wie quantitativ dieser erfüllt worden ist, sondern nur, ob - auch wenn es nur für eine Sekunde war - die Qualität erfüllt wurde. Einheit/Leben denkt nicht an Quantität, sondern nur an Qualität! Und zwar denkt Einheit/Leben nur diesen Moment an die Qualität und jede Erinnerung, die aufsteigt, ist in diesem Moment. Wenn der Beweis qualitativ erfüllt worden ist, dann suche dir einen neuen Beweis für heute, ansonsten nehme den gleichen von gestern noch einmal.

Schreibe heute in der dritten Person einen Beweis auf und spreche diesen dann wieder ohne Zweifel laut aus:

(Dein Name) **wird heute** ______________________________

Das Sein, Einheit/Leben existiert auch ohne dich. Sie braucht deine Zustimmung nicht, dass sie sein darf. Alles ist Einheit/Leben, ob du dem zustimmst oder nicht. Auch das wäre Einheit/Leben. Doch hilft diese Unterhaltung, mal ein bisschen reinzuschnuppern, wie es wäre, würde es keinen Widerstand mehr gegen Einheit/Leben geben. Es darf sein, weil es schon so ist. Jeder Widerstand gegen das, was ist, wird das Ich noch mehr in seiner Idee, dass es eine Trennung und eine Wahl gibt, unterstützen.

Wenn sich Traurigkeit breit macht, aber nicht erwünscht ist, hat das Ich die Möglichkeit, sich selber einzureden, dass es auch etwas dagegen unternehmen kann, um besagte Traurigkeit verschwinden zu lassen oder besser noch, dass es nie mehr zur Traurigkeit kommt. Dadurch wird das Gefühl der Trennung noch mehr hervorgehoben und genau das ist es wieder, was die Suche nach etwas antreibt, was anders sein sollte, als es ist.

Dadurch erhält das Ich sich selber und gibt sich ständig Nahrung. Natürlich darf alles sein, weil alles schon ist. Einheit/Leben macht keine Fehler. Nun wäre es ein neues Konzept, herumzulaufen und zu jedem Gefühl zu sagen, dass es in Ordnung ist, dass es da ist. Das bedeutet, dass Einheit/Leben erst o. k. ist, wenn es deinen „Segen" bekommen hat. Das ist natürlich Unsinn. Es ist auch Einheit/Leben, wenn es deine Zustimmung nicht bekommt; aber auch das wäre Einheit/Leben, wenn du denkst, dass du noch dein Einverständnis geben musst.

Aber um erst einmal dein Ich etwas milde zu stimmen, erlaube uns in der Unterhaltung alles zu benennen und dein o. k. zu geben, dass es sein darf; denn das ist es, was sein darf, weil es schon ist.

Du hast es nur übersehen oder vergessen, dass Einheit/Leben einfach etwas größer ist als du und keine Rücksicht darauf nimmt, was dein Ich will, das ja eh nicht existiert.

Doch geht es hier nicht darum, auf einmal Sachen machen zu dürfen, die vorher nicht erlaubt waren. Denn jetzt darfst du das ja. Du steckst dir z. B. ein Stück Schokolade in den Mund und prompt meldet sich dein schlechtes Gewissen, weil du dies eigentlich nicht tun willst. Nun geht es nicht darum zu sagen, ich darf Schokolade essen. Es geht darum, dich genau da abzuholen, wo du gerade stehst. In diesem Falle also: Ich darf ein schlechtes Gewissen haben und die Schokolade genießen. Es geht immer darum, genau das zu dürfen, was gerade passiert. Es geht nicht darum, dir Sachen schönzureden. Das ist ziemlich wichtig. Es geht nicht darum, einen Zuckerguss darüber zu legen und dir alles zu erlauben, was du sonst nicht machen darfst. Es geht nur darum, alles wahrzunehmen, was passiert und dir zu erlauben, dass alles sein darf, wie z. B. Schuldgefühle, Wut, Hass und Faulheit. Wenn du etwas tust und du dich dafür hasst, dass du es tust, darfst du dich hassen.

Was eventuell in dieser Unterhaltung passieren kann, ist, dass Entspannung auftritt. Die ganze Zeit wird gegen das angekämpft, was ist. Es gibt so viele Sachen, die anders sein sollten, als sie sind. Dadurch entsteht eine permanente Anspannung. Dadurch, dass alles sein darf, wie es ist, endlich von dir die Erlaubnis bekommen hat, zu sein, fällt die Anspannung weg. Das, was bleibt, ist Leichtigkeit. Endlich gibt es wieder ein Ziel und etwas, was man dafür tun kann. Die Karotte der Leichtigkeit

„winkt“. Doch wird übersehen, dass immer noch das Ich der eigentliche Grund der Anspannung ist. Leichtigkeit ist nur ein Pflaster der Trennungsenergie. Was natürlich auch sein darf.

Du sagst heute, was genau du wahrnimmst, was genau passiert. Allerdings in der dritten Person und fügst hinzu, dass diese Person es auch darf.

Beispiel:

(Dein Name) ist verwirrt, (dein Name) darf verwirrt sein.

(Dein Name) sieht die Bäume, (dein Name) darf die Bäume sehen.

(Dein Name) denkt, das bringt nichts, (dein Name) darf denken, das bringt nichts.

(Dein Name) spürt den Wind, (dein Name) darf den Wind spüren.

(Dein Name) fühlt sich einsam und ungeliebt, (dein Name) darf sich einsam und ungeliebt fühlen.

Nehme dir jetzt dafür gefühlte ein bis zwei Minuten Zeit.

Dann:

Dann schreibe - in der dritten Person - auf, was du glaubst, in diesem Leben alles nicht zu dürfen. Zum Beispiel: (Dein Name) darf nicht seine/ihre Gefühle zeigen. (Dein Name) darf nicht wie ein Superheld fliegen. (Dein Name) darf nicht jemand anderen töten oder ihm Schmerzen zufügen.

1.____

2.____

3.____

4.____

5.____

Gehe zu jedem Gedanken und sage dann: (Deine Name) darf Gefühle zeigen und (dein Name) darf auch glauben, dass (dein Name) keine Gefühle zeigen darf.

Oder

(Dein Name) darf jemanden töten und (dein Name) darf auch glauben, dass (dein Name) niemanden töten darf.

Je mehr Beispiele dir jetzt einfallen, umso besser. Aus der Sicht von Einheit/Leben ist alles erlaubt, sogar der Glaube, dass es nicht erlaubt ist.

Dann:

Tagesunterhaltung:

Immer, wenn du dich heute daran erinnerst, rede in der dritten Person von dir. Also z. B. wenn du einkaufen gehst: Er geht einkaufen, er denkt jetzt, dass er sich nicht liebt. Er glaubt, dass er niemals geliebt werden kann, noch nicht einmal von der

Kassiererin. Er will sie ansprechen und sie eigentlich fragen, ob sie heute Abend mit ihm essen geht, aber er ist zu schüchtern - wie immer. Er fühlt sich sehr einsam. Er hasst sich.

Und immer kannst du auch mit dem Satz abschließen, dass du dies auch darfst. Also, er war zu schüchtern, sie anzusprechen. Er darf auch zu schüchtern sein. Er hasst sich. Er darf sich auch hassen. Er darf nicht laut schreien. Er darf auch glauben, nicht laut schreien zu dürfen.

Es ist so, als würdest du einen Roman schreiben und du spielst die Hauptfigur. Alles was passiert, gedacht, gefühlt wird, erzählt diese Hauptfigur in der dritten Person. Es könnte passieren, dass dein langweiliges Leben auf einmal recht spannend wird, auch wenn du nur im Bett liegst und atmest. Aus der Sicht der dritten Person könnte dies eine melodramatische Geschichte sein, die sich gerade abspielt und sein darf. Ein extrem wichtiger Punkt, um die Unterhaltung richtig anzukurbeln. Mach das, so oft es geht und immer, wenn du daran denkst.

Erinnerung an dich selbst

Du bemerkst, dass es nur darum geht, dich sein zu lassen. Deine Figur, die du spielst, zu erfahren. Keine Angst mehr vor ihr zu haben. Wenn es wirklich kein Ich gibt, ist das, was bei dir erscheint, einfach eine Figur, die sich ausdrücken möchte. Sie hat so lange darauf gewartet, ohne Widerstand spielen zu dürfen. Nun ist die Zeit gekommen, dass sie sein darf. Warum auch nicht? Zu lange wurde sie zurückgehalten. Zu dieser Figur gehören Wünsche und das Suchen. Wie wir ja schon gesehen haben, steht hinter jedem Wunsch auch die Angst, dass er erfüllt werden könnte. Je öfter du die Unterhaltung machst, deine Wünsche aussprichst und sie auch erfüllt werden dürfen, umso öfter können sich Widerstand und die dahinterliegende Angst zeigen.

Wenn diese Angst übermächtig wird, lass einfach, wann immer du einen neuen Wunsch aussprechen sollst, die Unterhaltung weg ...

Es soll ja auch Spaß machen, das zu sein, was du bist! Da deine Figur nur bestehen kann, solange sie auch noch Wünsche hegt, erlaube ihr, diese auch zu haben. Es gibt nur das, was jetzt erscheint, auch die ganze Geschichte deiner Figur. Damit sie spielen kann, kreiert sie sich jeden Moment eine Geschichte und eine Vergangenheit. Dies scheint unumstößlich zu sein. Nur durch jahrelange Therapien oder Erleuchtungs-Seminare kann sich diese Geschichte etwas auflösen und es besteht die Möglichkeit, mit ihr Frieden zu schließen. Aber das gehört schon zur Geschichte! Alles, was jetzt auftaucht, wird gerade erschaffen. Du (die Figur) erschaffst die Welt, jeden Moment. Dieser beinhaltet auch jede Erinnerung an die Vergangenheit. Was genau wirklich passiert ist, ist unerheblich, es ist bedeutungslos. Es ist nur für die Figur wichtig, was sie nun in diesem Moment daraus macht. Sie hat eine Geschichte. Meistens eine schreckliche, denn wenn sie eine schöne Geschichte hätte, würde sie sich nicht die Mühe machen, dieses Buch zu lesen. Nur aus Albträumen will man aufwachen, aus den schönen Träumen natürlich nicht!

Die Figur, die wahrgenommen und gespielt wird, ist perfekt und vollkommen. Jede Erinnerung, die in ihr auftaucht, ist perfekt und vollkommen. Sie passt hundert Prozent zu der Figur und zu ihrer Beweisführung.

Daher ist jedes Verändern wollen dessen, was die Figur jetzt erlebt, schon zum Scheitern verurteilt, da es scheinbar eine feststehende, zur Figur gehörende Vergangenheit gibt. Daher werden wir in den Unterhaltungen die Figur einfach sein lassen. Sie darf nun endlich mal das alles sein, was sie so sehr sein möchte. Auch wenn es vielleicht eine traurige Geschichte ist, dann kann sie einfach sein und ist frei. Frei, auch etwas anderes zu sein. Diese Freiheit war schon immer da und es bedarf keiner Anstrengung. Anstrengung kann sich nur zeigen, wenn es auch Widerstand gibt. Freiheit ist jetzt da. Die Figur ist einfach da und somit auch ihre Geschichte. Was würde passieren, wenn die Figur erlaubt, eine andere Vergangenheit zu haben? Was wäre, wenn die Figur einfach alles das, was sie sich wünscht, schon erfahren hat? Was wäre, wenn die Figur auf einmal keinen Beweis mehr hat, das zu sein, was sie zu sein glaubt? In dieser unendlichen Freiheit kann auch etwas Neues gespielt werden.

Das muss nicht passieren, es gibt keine Notwendigkeit dafür. Die Figur, die auftaucht, ist vollkommen und einzigartig.

Doch wenn es ein Spiel gibt, darf auch gespielt werden.

Gönn dir diesen Spaß.

Setz dich hin und lass neue Erinnerungen zu deinem Leben, zum Leben deiner Figur auftauchen. Sehe alle die Wünsche, die erscheinen und lege sie in die Vergangenheit, so als wären sie bereits erfüllt. Sehe konkrete Situationen, in denen das alles schon eingetroffen ist. Kreiere dir eine neue Vergangenheit! Wenn du jetzt eine neue Erinnerung erdacht hast, können auch neue Gefühle spürbar sein und neue Gedanken, die keinen Zugang zur Figur hatten, weil sie nicht da sein durften. Sie hätten einfach nicht zur Erinnerung gepasst. Nimm deine Figur und lass ohne Anstrengung eine neue Vergangenheit entstehen. Diese hat genauso viel Gültigkeit wie diejenige, die schon vergangen ist. Wichtig ist nicht, was damals wirklich passiert ist, sondern nur, was jetzt in deiner Erinnerung auftaucht.

Du kannst dies jeden Tag, zusätzlich zu den anderen Unterhaltungen, machen und dich immer wieder mal an eine andere Vergangenheit erinnern.

Wenn deine Figur damit gar nichts anfangen kann und lieber ihre Erinnerung als fest zementiert sieht, um ihre Vergangenheit unanfechtbar zu machen, so ist das auch vollkommen in Ordnung.

Für viele Figuren ist das nichts. Sie haben das Gefühl, hereingelegt zu werden. Stimmt ja auch! Doch erkennen einige Figuren auch, dass alles nur jetzt auftaucht und nur der jetzige Moment das Leben ist. Wenn die Vergangenheit eine andere ist, so ist es auch das, was jetzt aufsteigen kann. Wenn alle Wünsche erfüllt worden sind, ist das, was übrig bleibt nur dieser Moment, in dem nichts fehlt. Es kann nichts fehlen, wenn schon alles erreicht worden ist und in jeder Erinnerung schon alles erfüllt wurde. Was bleibt dann jetzt für ein Gefühl? Was bleibt dann jetzt noch übrig? Ich werde dich immer mal wieder daran erinnern!

Auch die Zukunft erscheint nur Jetzt!

Jede Benennung soll dich eigentlich schützen. Sie soll dich vor Schmerzen schützen, die eventuell auf dich zukommen könnten. Wenn du etwas benennst, kannst du es einordnen und dadurch auch kontrollieren und ihm aus dem Weg gehen. Das ist das stille Versprechen. Doch passiert genau das Gegenteil. Hinter jeder Benennung steht schon der Widerstand. Benennungen, die sich als Sorgen und Ängste zeigen. Sorgen und Ängste versprechen dir, dass du dem Schmerz entgehen könntest. Das Leben ist aber viel unfassbarer und voller Überraschungen. Es könnte in der Zukunft genauso gut das Gegenteil dessen passieren, was du dir vorstellst. Niemand weiß das, niemand kann sich schützen und niemand hat es in der Hand. Sorgen und Ängste, die dich vor Schmerz schützen sollen, lassen jetzt einen Schmerz entstehen. Dieser erscheint nicht erst in der Zukunft, sondern hier und jetzt. Reingefallen!

O. k. - Sorgen und Ängste versprechen, dass der Schmerz, der sich dir jetzt zeigt, vielleicht nicht noch größer werden wird und dein Leben ganz in den Abgrund reißt. Sorgen und Ängste können dir niemals die Sicherheit geben, die du erwartest. Es kann alles anders werden, alles anders passieren. Du machst dir ein Leben lang Sorgen, dass du verhungern wirst und nach dreißig Jahren gewinnst du in der Lotterie. Du hättest auch einfach ein sorgenfreies Leben haben können. Es gibt absolut keine Sicherheit und es gibt auch keine Zukunft. Es gibt nur den Schmerz, der sich jetzt zeigt. Daher spiele mit deinen Sorgen und Ängsten. Dreh sie einfach um:

Ich habe Angst zu sterben - ich werde niemals sterben. Der andere Mensch liebt mich nicht - der andere Mensch liebt mich unendlich. Ich werde niemals meine Depression besiegen - ich werde bald frei von meiner Depression sein ...

Schreibe hier ein paar Sorgen und Ängste auf:

1.____

2.____

3.____

Dann drehe sie um und schau, welche Gefühle jetzt entstehen.

Immer, wenn Sorgen und Ängste hochkommen, spiele mit dem Gegenteil. Schau dir an, welche Gefühle, welche Gedanken entstehen, wenn du es umdrehst. Es werden ganz andere sein und das nur, weil es auch möglich sein kann. Vielleicht siehst du dann, dass du nicht deine Sorgen und Ängste bist und dass Gefühle kommen und gehen, du aber nicht deine Gefühle bist. Vielleicht wird dein Selbstbild in diesem Moment zusammenfallen; einfach, weil du mit dem ganzen Universum spielst. Mal entscheidest du dich für Sorgen und Ängste, mal bist du der Superheld, den nicht nur alle Menschen lieben, sondern auch jeder Strauch und jeder Stein. Einfach nur, weil du es so sagst.

Erschüttert das dein Selbstbild, wenn du glücklich und voller Leben an die Zukunft denkst? Ja, auch dadurch kann es erschüttert werden. Spiele mit den Gedanken, spiele mit den Gefühlen. Du machst es doch eh schon längst, nur war dein Spiel bis jetzt etwas zu einseitig. Verwende die ganze Kreativität des Universums dazu. Benutze und verwandle sie und dann wirst du lachen müssen, dass du ernsthaft an dir gearbeitet hast, um ein glücklicher Mensch zu werden. Fantasie ist dafür da, um zu spielen. Habe keine Sorgen, dass du dann den Boden zur Realität verlierst, das ist nämlich schon längst passiert.

6. Unterhaltung

Erinnere dich an gestern und deinen ausgesprochenen Beweis. Wurde dieser qualitativ erfüllt? Es geht nicht darum, wie quantitativ dieser erfüllt worden ist, sondern nur, ob - auch wenn es nur für eine Sekunde war - die Qualität erfüllt wurde. Einheit/Leben denkt nicht an Quantität, sondern nur an Qualität! Und zwar denkt Einheit/Leben nur diesen Moment an die Qualität und jede Erinnerung, die aufsteigt, ist in diesem Moment. Wenn der Beweis qualitativ erfüllt worden ist, dann suche dir einen neuen Beweis für heute, ansonsten nehme den gleichen von gestern noch einmal.

Schreibe heute - in der dritten Person - einen Beweis auf und spreche diesen dann wieder ohne Zweifel laut aus:

(Dein Name) **wird heute** ______________________________

Notiere, wo du glaubst, überall Schmerzen zu vermeiden. Allerdings in der dritten Person.

1.____

2.____

3.____

4.____

5.____

6.____

Zum Beispiel:

(Dein Name) spricht keine Frau an.

(Dein Name) riskiert nie etwas.

Dann gehe zu jedem Punkt und schreibe dazu, welche Art des Schmerzes du dahinter siehst.

Zum Beispiel:

(Dein Name) spricht keine Frau an … (Schmerz der Ablehnung).

(Dein Name) riskiert nie etwas … (Schmerz des Versagens).

Dann gehe jeden Punkt durch und stelle dir kurz dein Leben vor. Wie würde es aussehen, wenn du diesen Schmerz nicht ablehnen und vermeiden würdest? Stelle dir konkrete Situationen vor, in denen keine Schmerzvermeidung stattfinden würde.

Lass dir bei jedem Punkt Zeit und versuche, dich da richtig hineinzufühlen. Stell dir eine Situation vor: Wie würde sie aussehen? Wie würdest du dich ohne Schmerzvermeidung fühlen? Was würdest du tun?

Dann:

Lass dich nun ganz in die Figur fallen und nehme jeden Widerstand wahr. Die Figur mit deinem Namen darf ganz und total sein. Du musst nicht wissen, wie es geht!

Dann:

Tagesunterhaltung:

Bemerke heute den ganzen Tag, wie du versuchst, Schmerzen zu vermeiden. Wie du, aus der Sicht der dritten Person, dich zurückhältst und vorsichtig bist. Vielleicht passiert es, dass dir Möglichkeiten geboten werden, in denen du keinen Schutz aufbaust, weil du in Kauf nimmst, verletzt zu werden. Riskiere heute etwas! Lass dich berühren, mach dich verletzbar. Aber denke daran, dies in der dritten Person zu tun. So, als würdest du über dich ein Buch schreiben und darin Situationen festhalten, in denen es für dich vorher undenkbar gewesen wäre, sie zu erleben und zu ertragen.

Anders ausgedrückt:

Nimm heute jeden Impuls wahr, jeden Impuls, der sich dir zeigt und folge ihm. Vielleicht erscheint er dir als etwas Ungewöhnliches oder aber als etwas ganz Gewöhnliches. Sehe deine Impulse und lebe sie. Auch wenn du dabei denkst, dass du dich lächerlich machst oder allen Schutz verlierst. Vielleicht ist es so etwas Kleines, wie an der Bushaltestelle jemanden zu fragen, ob er das Wetter auch schrecklich finde oder sich selber über den Arm zu streicheln. Jemand anderen anzulächeln oder sein Kind in die Arme zu nehmen. Jemanden zu kritisieren oder einfach zu schreien. Versuche, im Zug mit einem fremden Menschen ins Gespräch zu kommen. Verschenke heute ein Kompliment. Suche eine Situation, in der du dein Gesicht verlieren könntest. Klingle bei den Nachbarn, um Hallo zu sagen. Alles ist möglich und bietet dir unendliche Situationen. Alles - und jeder Impuls, der erscheint, ist das Leben, das sich zeigt und damit dein Selbstbild zur Ganzheit führt.

Was ist mit den Impulsen anderer Menschen, sich selbst oder Gegenständen Schaden zufügen zu wollen? Sehe auch diese, nehme sie wahr. Umarme sie und bedanke dich bei ihnen, dass sie sich zeigen. Hinter solchen Taten verbirgt sich immer die Suche nach Nähe und Lebendigkeit. Folge ihnen nicht! Sie würden für dich Konsequenzen haben, die dir wahrscheinlich nicht so gefallen würden. Sei heute wach für deine Impulse, wo und wann sie auch immer erscheinen und lass dich selbst überraschen. Du weißt nie, welche Idee sich im nächsten Augenblick offenbart, welche Lebendigkeit sich zeigt und welchen Impulsen du dann folgst und sie lebst.

7. Unterhaltung

Erinnere dich an gestern und deinen ausgesprochenen Beweis. Wurde dieser qualitativ erfüllt? Es geht nicht darum, wie quantitativ dieser erfüllt worden ist, sondern nur, ob - auch wenn es nur für eine Sekunde war - die Qualität erfüllt wurde. Einheit/Leben denkt nicht an Quantität, sondern nur an Qualität! Und zwar denkt Einheit/Leben nur diesen Moment an die Qualität und jede Erinnerung, die aufsteigt, ist in diesem Moment. Wenn der Beweis qualitativ erfüllt worden ist, dann suche dir einen neuen Beweis für heute, ansonsten nehme den gleichen von gestern noch einmal.

Schreibe heute - in der dritten Person - einen Beweis auf und spreche diesen dann wieder ohne Zweifel laut aus:

(Dein Name) **wird heute** ______________________________

Vielleicht wird die Energie des Wünschens schon schwächer!

(Nachfolgender Text ist nur für Figuren interessant, die ihre Vergangenheit verlieren wollen:

Erschaffe eine neue Erinnerung. Diese taucht nun auf und ist erfüllt. Sehe einen Wunsch, der in der Vergangenheit erfüllt worden ist. Sehe das Bild, rieche es und schmecke es. Es ist schon geschehen!!! Daher brauchst du auch keine Angst mehr vor deinem Wunsch zu haben, denn dieser ist schon erfüllt und dadurch gegenstandslos. Es ist eine tatsächliche Erinnerung. Eine Tatsache!)

Natürlich ist alles Einheit/Leben, alles ist Sein. Es kann nichts geben, was nicht Einheit/Leben ist, denn sonst würde Einheit/Leben nicht existieren. Wenn also etwas in der Wahrnehmung auftaucht, dann ist es Einheit/Leben, die natürlich sein darf. Da aber alles nur Einheit/Leben ist und jede Benennung, die vom Verstand kommt, von den Gedanken schon gefiltert ist, passiert alles nur scheinbar.

Ohne die Urteile könntest du es nicht benennen. Ohne Urteile wüsstest du nicht, dass das, was du fühlst, Traurigkeit ist. Wie könntest du das wissen, wenn du dies nicht sofort mit dem Zustand vergleichst, der Glück und Frieden für dich bedeutet? Ohne die Vergleiche würde sich einfach nur ein enges Gefühl in der Herzgegend bemerkbar machen und Flüssigkeit aus den Augen fließen. Daher kommt in dieser Unterhaltung noch das Wort „scheinbar" dazu.

Du sagst heute, was genau du wahrnimmst, was genau passiert. Allerdings in der dritten Person und dass diese Person es auch **scheinbar** darf und alles Einheit/Leben ist.

Am besten ist, wenn du den Sätzen in der Unterhaltung, in denen Einheit/Leben vorkommt, die Wörter Einheit/Leben immer abwechselnd zufügst.

Beispiel:

(Dein Name) ist verwirrt, (dein Name) darf scheinbar verwirrt sein, denn das ist Einheit.

(Dein Name) denkt, das bringt nichts, (dein Name) darf denken, das bringt nichts, denn das ist Leben.

(Dein Name) sieht die Bäume, (dein Name) darf die Bäume sehen, denn das ist Einheit.

(Dein Name) spürt den Wind, (dein Name) darf den Wind spüren, denn das ist Leben.

(Dein Name) hat Angst, (dein Name) darf Angst haben, denn das ist Einheit.

(Dein Name) fühlt sich einsam und ungeliebt, (dein Name) darf sich einsam und ungeliebt fühlen, denn das ist Leben.

Nehme dir jetzt dafür gefühlte ein bis zwei Minuten Zeit.

(Denke daran, dass du jederzeit tagsüber die Unterhaltungen wiederholen kannst.)

Dann:

Gebe heute den Gefühlen Raum: jedem einzigen. Sobald sich auch nur die kleinste Tendenz zeigt, etwas verändern zu wollen, diese Unterhaltung jetzt machen zu wollen, um andere Gefühle zu erzeugen, wird dies wahrgenommen. Jede Tendenz, die Gefühle nicht vollkommen anzunehmen, wird erkannt. Sobald nicht die Möglichkeit da ist, die momentanen Gefühle für immer da sein zu lassen, für die nächsten zehn Jahre immer das Gleiche zu fühlen, erinnerst du dich. Jede Tendenz stirbt, etwas verändern zu wollen. Diese Unterhaltung jetzt zu machen, bedeutet nicht, dadurch andere Gefühle zu bekommen.

Jede Anspannung wird gesehen, jede Tendenz und der Raum wird immer größer. Nichts soll sich verändern. Alles, jedes Gefühl ist vollkommen und hat seinen eigenen Wert. Die Tendenz, etwas verändern zu wollen, kommt immer aus der Ich-Vorstellung. Jetzt ist der Augenblick, in dem die Tendenz erkannt wird und alles da sein darf, ohne Grund und ohne Antrieb, etwas anderes haben zu wollen. Jede Anspannung, die das Gefühl begleitet, es wegzuschieben oder die Angst, dass es gehen könnte, wird erkannt und immer weiter fallen gelassen.

Nehme dir jetzt dafür gefühlte ein bis zwei Minuten Zeit.

Dann:

Das Einzige, das hoffentlich bleibt, wenn es Nacht geworden ist, sollte Neugierde sein. Neugierig sein, auf das, was du erfährst, auf das, was du wahrnimmst! Ein ständiges Schauen voller Neugierde auf das, was jetzt gerade erscheint, auf das, was du bist. Das, was du bist, ist diese Erscheinung, ist diese Erfahrung und ist diese Wahrnehmung JETZT, das ist alles ... sei einfach in jedem Moment neugierig auf dich. Und wenn die Neugierde nicht da ist, erschaffe sie einfach! Was erscheint jetzt? Welche Erfahrung machst du jetzt? Was nimmst du jetzt wahr? Wenn du alles verlierst, aber die Neugierde bleibt, hast du gewonnen!

Nimm dir eine Minute Zeit, in der du einfach neugierig bist auf das, was du jetzt wahrnimmst und erfährst. Du weißt nicht, was es ist und was es im nächsten Moment sein könnte. Falle in die Neugierde hinein, in das, was sich offenbart. Sei neugierig auf dich, nur für diesen Moment. Wenn du auf dich selber neugierig bist, erlaubst du allem, was da ist, aufzutauchen. Alles darf erscheinen und sich dir zeigen. Was ist das für ein Gefühl, das du jetzt verspürst? Was nimmst du wahr? Welcher Gedanke erscheint? Welcher Körperteil zwickt vielleicht? Was fühlst du, wenn du atmest?

Das, was jetzt auftaucht, wird durch deine Neugierde überstrahlt. Es ist nicht die Neugierde, wie du morgen sein könntest oder was gestern irgendwo passiert ist. Es ist die reine Neugierde, die sich auftut, um in das, was jetzt auftaucht, einzutauchen.

Sei einen Moment neugierig auf dich! Erforsche deine Erfahrungen und deine Wahrnehmung! Manche erforschen sogar das, was jetzt gerade erforscht! Manche sind sogar neugierig darauf, wo das Ich sitzt und versuchen, es zu finden! Ist das nicht herrlich? Ist das nicht eigentlich schon so unglaublich liebevoll und süß, einfach zum Knuddeln?

Nehme dir jetzt dafür gefühlte ein bis zwei Minuten Zeit.

Dann:

Tagesunterhaltung:

Immer, wenn du dich heute daran erinnerst, fühle den Augenblick. Benenne den Augenblick nicht gleich mit dir als Ich, sondern lass ihn einfach unbenannt. Lass alle Gefühle da sein. Lass sogar Freude über Gefühle da sein. Wenn du Situationen siehst, in denen schreckliche Gefühle auftauchen könnten, nehme diese wahr und freue dich darüber. Denn du bist jedes Gefühl, gleichgültig, ob du das Gefühl magst oder nicht. In dieser Zeit, in der du dich in die Gefühle fallen lässt, gibt es kein Ich, das sich fallen lassen könnte. Es gibt nur das Gefühl, das jetzt da ist - und das ist dein Ich.

8. Unterhaltung

Erinnere dich an gestern und deinen ausgesprochenen Beweis. Wurde dieser qualitativ erfüllt? Es geht nicht darum, wie quantitativ dieser erfüllt worden ist, sondern nur, ob - auch wenn es nur für eine Sekunde war - die Qualität erfüllt wurde. Einheit/Leben denkt nicht an Quantität, sondern nur an Qualität! Und zwar denkt Einheit/Leben nur diesen Moment an die Qualität und jede Erinnerung, die aufsteigt, ist in diesem Moment. Wenn der Beweis qualitativ erfüllt worden ist, dann suche dir einen neuen Beweis für heute, ansonsten nehme den gleichen von gestern noch einmal.

Schreibe heute - in der dritten Person - einen Beweis auf und spreche diesen dann wieder ohne Zweifel laut aus:

(Dein Name) **wird heute** ______________________________

Ist der Wunsch in dem Moment, in dem er ausgesprochen wird, schon erfüllt?

Vielleicht merkst du langsam, dass es hier bei der Unterhaltung nicht darum geht, dich zu verändern. Das ist, als solltest du als Schauspieler Hamlet spielen. Es geht nicht darum, keinen Bock auf Hamlets Depressionen zu haben und einen lustigen und glücklichen Hamlet zu spielen. Das wäre dann nicht mehr Hamlet. Doch Hamlet will Hamlet bleiben und genauso fühlen dürfen, wie er nun halt mal fühlt. Es geht darum, dass du herausfindest, wer du bist, was du bist, wie deine Persönlichkeit etwas macht und sich im Leben zurechtfindet. Denn genauso wie sie ist, ist sie die Figur, die gespielt werden will.

Siehe, dass sogar Schmerzen, die kommen könnten, die Lösung sind. Immer, wenn du dem Leben gegenüber eine Mauer aufgebaut hast, erscheinen Schmerzen, um diese zu zerstören. Ist das Leben nicht erstklassig? Es hilft dir ständig, dich nicht zu vergraben. Heiße Schmerzen willkommen, nicht als Problem, sondern als Lösung.

Hier, vorab schon einmal die Tagesunterhaltung, bevor du mit dem Aufschreiben beginnst:

Tagesunterhaltung:

In jedem Moment, in dem du dich heute erinnerst, wird das Ereignis weiterhin aus der Sicht der dritten Person beschrieben. Wie ist heute die Hauptfigur aufgestellt? Was macht sie heute? Was denkt sie? Was fühlt sie? Welches sind ihre Sehnsüchte und Hoffnungen, ihre Ängste und unterdrückten Gefühle? Sei genau und verschweige nichts.

Und sage dann, dass sie es auch darf und alles Einheit/Leben ist.

Nächste Unterhaltung:

Schreibe alles auf, was an Problemen in deiner Erinnerung an die Vergangenheit, hochkommt.

Das macht Spaß!

Liste alle Probleme der Figur auf.

Wenn du ein Mann bist, könnte das Beispiel so lauten:

Die Frau von x (Ersetze das x durch deinen Namen) hat sich von ihm getrennt.

Bist du eine Frau, dann könntest du die Aussage so formulieren:

Der Mann von x (Ersetze das x durch deinen Namen) hat sich von ihr getrennt.

Nehme dafür das nächste Blatt!

1.______________________________

2.______________________________

3.______________________________

4.______________________________

5.______________________________

6.______________________________

7.______________________________

8.______________________________

9.______________________________

10.______________________________

11.______________________________

12.______________________________

13.______________________________

14.______________________________

15.______________________________

16.______________________________

17.______________________________

18.______________________________

Nachdem du eine Liste fertig hast, lese sie laut und sage zu jedem Punkt:

> "*... und das ist die Lösung.*"

Also in dem Beispiel: Die Frau von x hat sich getrennt und das ist die Lösung.

Zerreiße nach diesem kleinen Ritual das Blatt und sage laut:

„Das ist die Lösung."

Befürchtungen

Es kann gespielt werden!

Nun hast du viel davon gehört, dass das Ich gar nicht existiert. Da sind zwar Gefühle und Gedanken, aber sie gehören niemandem. Doch wenn es das Ich nicht gibt, was ist dann dieses unleugbare Gefühl des „imaginären“ Ichs?

Wenn es dieses Ich wirklich nicht gibt und es einfach als Trennungsgefühl erscheint, dann kannst du ganz locker entspannen. Das Einzige, was dieses Ich aufrechterhält, ist Angst, denn es ist die Trennung. So ist das einzige Gerüst, dessen es sich bedienen kann, etwas Unechtes. Es kann nur als Illusion erscheinen, da es ja selber gar nicht existiert. Durch eine einfache Unterhaltung kann dieses Gerüst zusammenfallen und sich als das zeigen, was es ist …

Dieses Gerüst der Illusion, das gleichzeitig aber auch wirkliche Gefühle erschafft, besteht nur aus dem, was du zu sein befürchtest oder was du dir wünschst, zu haben. Das, was in dieser Nicht-Wirklichkeit auftaucht, erschafft ein wirkliches Gefühl und Gefühle sind immer jetzt und hier anwesend.

Wünsche, die auftauchen und in deiner Vergangenheit erfüllt werden, halten auch immer eine Befürchtung zurück. Mit jedem Wunsch, der erscheint, entsteht eine Befürchtung. Ansonsten könnte ein Wunsch nicht auftauchen. Dein Ich-Gedanke wird nur aus diesem heraus kreiert. Sogar der Wunsch, dass ein geliebter Mensch in deiner Vergangenheit nicht hätte sterben oder so leiden sollen, baut sich auf einer Befürchtung auf. Deine Befürchtung wäre hier in diesem Fall: „Immer, wenn ich einen Menschen liebe, muss dieser leiden oder von mir gehen!"

Befürchtungen und Wünsche sind eins. Die Wünsche hatten wir uns schon angeschaut, lass uns daher noch die Befürchtungen betrachten.

Nehmen wir mal die Befürchtungen, die auftauchen. Hier ist es wichtig zu sehen, welches Befürchtungen und welches Wünsche sind. Befürchtet wird immer, dass entdeckt werden könnte, wie du eigentlich bist. Wünsche sind immer mit etwas Positivem belegt. Ich befürchte reich zu werden, wäre natürlich etwas witzig.

Eine Befürchtung wäre eher dann dieses:

Ich befürchte, dass jemand herausfindet, dass ich eigentlich ein grässlich geiziger Mensch bin, der lieber seine Mama für ein paar Cent verraten würde, als das Geld zu zahlen …

Eine weitere wäre, dass du Angst davor hast, nichts Besonderes und somit unterschiedslos zu sein. Dieses Konstrukt erschafft eine Figur. Eine Figur, die genau danach lebt und handelt, eine Figur, die dadurch „Ich" zu sich sagen kann.

Diese Angst, nicht besonders zu sein, hat ihren Ursprung in einer Illusion und benutzt sie als Konstrukt, um den Anschein zu erwecken, getrennt zu sein. Ein Leben lang könnte an diesem Satz gearbeitet werden und vielleicht schaffen es auch einige Figuren, dann einen neuen Satz zu bilden. Doch wer oder was macht keinen Unterschied oder ist nichts Besonderes? Ja, genau das Ich, das ja eh nicht existiert und nur dadurch als Trennung erscheint. Diese Angst davor, nichts Besonderes zu sein, verleitet die Figur dazu, nie etwas im Leben zu riskieren, sich nie „zu neuen Ufern" aufzumachen, um die eigenen Talente der Welt schenken zu können. Die Angst davor, dass dieser Satz stimmen könnte, lähmt jede Handlung und jeden Impuls, sich wie ein Schmetterling zu entfalten. Was gibt es stattdessen als Austausch? Ein Gefühl von Individualität und Trennung. Das Ich gibt es als Geschenk. Nun könnte es passieren, dass etwas erkannt hat, dass es das Ich gar nicht gibt und dieser Satz: „Die Angst davor, zu entdecken, dass du nichts Besonderes bist", auf sich selbst zeigt und sich dadurch sofort auflöst. Diesem Satz kann ein neuer entgegengehalten werden: „Ja, es stimmt, das Ich macht keinen Unterschied und ist nichts Besonderes!"

Es kann gar nicht anders sein, denn es ist ja nicht vorhanden. Befürchtung und Angst hören sofort auf. Wenn du schon das bist, was du zu sein befürchtest, ist es überflüssig, dein ganzes Leben zu versuchen, dieses Gefühl zu vermeiden. Und dort, wo es keine Angst mehr vor dem gibt, was du sein könntest, gibt es auch kein Ich mehr und das Einzige was bleibt, ist das Leben. Dieses Jetzt. Deine Figur kann endlich atmen, fühlen und lieben.

Jede deiner Befürchtungen, dass du etwas sein könntest, was du nicht sein willst, fällt in die Liebe zurück. Und dann öffnet sich ein kleines Schlupfloch. In diesem Moment erkennst du, dass es mehr gibt als nur die Trennung. Das Ich taucht dann als Spiel auf. Etwas beobachtet dein Ich und zwar das, was du eigentlich bist - und was immer da war! Es sitzt hinter dir, gleich oben hinter deinem Kopf. Von da aus schaut es zu. Das ist die Hand der Unendlichkeit. Das bist du … und das Ich fällt in sich zusammen …

Die Befürchtung, dass du nicht liebenswert, stattdessen aber eine Katastrophe seist. Kennst du sie? Das ist eine beliebte Befürchtung. Du kannst dir noch so oft einreden, dass das nicht stimmt und andere Menschen können dir tausendmal sagen, dass du liebenswert bist, aber nichts wird sich verändern. Doch könntest du in diesem Moment erkennen, dass es doch stimmt: „Du bist nicht liebenswert, aber eine Katastrophe.“ Das Ich kann nicht liebenswert sein, es gibt es ja gar nicht. Es ist eine Katastrophe, weil dadurch eine Trennung erscheint. Du siehst also, die Befürchtung, vor der du dein ganzes Leben Angst hattest, ist schon längst eingetroffen. Du bist nicht liebenswert. Wenn du dieses in diesem Moment siehst, muss nichts mehr verändert werden. Du kannst dich entspannen. Dein Handeln ist nicht mehr durch die zukünftige Angst geprägt, dass sich diese Befürchtungen bewahrheiten oder dass andere Menschen dies herausfinden könnten. Du brauchst nichts mehr zu verstecken. Angst hört auf. Die Trennung hört auf. Das Ich fängt an zu zittern. Und was bleibt? Du! Aber nicht mehr etwas, was dir Angst machen könnte. So einfach ist das Leben, so einfach, die Trennung liebevoll in die Arme zu nehmen.

Das, was scheinbar das Ich ist und der Untergrund, in dem es existiert, wird ihm entzogen.

Schreibe hier alle Sätze auf, die du befürchtest, zu sein. Alles, wovor du Angst hast, dass andere Menschen „es" bei dir entdecken könnten.

Meine Lieblingssätze sind: „Man (ich oder jemand anderes) könnte herausfinden, dass ich ein Zerstörer bin, dass ich gar nichts bin. Ich befürchte, irgendwann zu sterben und nicht mehr zu sein. Ich kann nicht lieben. Ich befürchte, jemandem zu viel zu sein."

Aus diesen Sätzen heraus erscheint ein Leben. Jede Handlung baut auf ihnen auf und jedes Mal, wenn das passiert, erscheint ein Ich, ein Gefühl, die Energie einer Trennung.

Wie schwer kann die Last sein? Aussichtslos? Wie kann sich da etwas verändern? Wie kann das, was getrennt ist, nicht mehr zerstören? Wie könnte das, was eh schon nicht ist, etwas sein? Wie könnte, was gar nicht existiert, irgendwann einmal sterben? Wie kann das, was nur in der Trennung erscheint, lieben können? Wie könnte die Trennung nicht jemandem zu viel sein?

Also ja jaja… Ich bin ein Zerstörer. Ich bin nichts. Ich mache keinen Unterschied (wie kann die Illusion einen Unterschied machen?). Ich bin schon tot. Ich bin nicht liebenswert.

Wenn du dies erkennst, bleibt unendliche Freiheit.

Hier hast du für deine schlimmsten Befürchtungen etwas Platz zum Aufschreiben (Du kannst es aus der Ich-Perspektive tun.)

1.______________________________

2.______________________________

3.______________________________

4.______________________________

5.______________________________

6.______________________________

7.______________________________

8.______________________________

Nun gehe zu jedem Satz und nimm wahr, dass du das schon bist. Das ist das Einzige, das dir ein Gefühl von Persönlichkeit und Individualität gibt. Das ist das Einzige, wonach das Leben ausgerichtet wird. Immer und überall. Gehe zu jedem Satz und sage ihn so, als hätte sich die Befürchtung schon bewahrheitet.

„Ja, ich bin pervers!“ Ist das nicht die größte Perversion, dass sich das Ich scheinbar vom Leben getrennt hat? Die Befürchtung, dass dieses irgendwann herauskommen könnte: Das ist das Einzige, was du bist. Es ist schon so. Immer.

Und dann? Ohne Befürchtungen? Was bleibt? Kannst du das jetzt benennen? Kannst du das jetzt erfassen? Hat das noch irgendetwas mit dir zu tun? Nichts muss dann mehr verändert werden, weil sich alles verändert hat. Ohne Anstrengung und ohne Angst. Dieser Augenblick ist dann vollkommen. Er ist eins. Und in ihm erscheinst du! Eine größere Liebe gibt es nicht.

Immer, wenn eine Befürchtung in deinem Leben auftaucht, kannst du diese anschauen … Immer, wenn ein Wunsch erscheint, kannst du dir diesen anschauen. Und jetzt und hier kann sich dies einfach auflösen.

9. Unterhaltung

Erinnere dich an gestern und deinen ausgesprochenen Beweis. Wurde dieser qualitativ erfüllt? Es geht nicht darum, wie quantitativ dieser erfüllt worden ist, sondern nur, ob - auch wenn es nur für eine Sekunde war - die Qualität erfüllt wurde. Einheit/Leben denkt nicht an Quantität, sondern nur an Qualität! Und zwar denkt Einheit/Leben nur diesen Moment an die Qualität und jede Erinnerung, die aufsteigt, ist in diesem Moment. Wenn der Beweis qualitativ erfüllt worden ist, dann suche dir einen neuen Beweis für heute, ansonsten nehme den gleichen von gestern noch einmal.

Schreibe heute einen Beweis für das Sein auf und spreche diesen dann wieder ohne Zweifel laut aus:

Zum Beispiel: Sein **wird heute** die Ich-Losigkeit erfahren!

Sein **wird heute** ___________________________________

Braucht es noch Beweise für das Sein?

(Lesestoff für Figuren, die ihre Zukunft verlieren wollen:

Gedanken an eine mögliche Zukunft deiner Figur tauchen jetzt auf. Sie begleiten deine jetzigen Gefühle. Das ist alles. Ob diese Zukunft wirklich wird oder nicht, spielt überhaupt keine Rolle. Erschaffe für deine Figur eine neue Zukunft! Alles das, was sie erreichen könnte und was sie sich wünscht, erscheint nun in der Zukunft. Nehme diese Bilder und Gefühle und lege sie in die Vergangenheit. Siehe, dass alles schon erreicht worden ist. Alles das, was in der Zukunft an Erfüllung auf dich gewartet hat, ist schon passiert. Vor einem oder fünf Jahren. Erinnere dich ***jetzt*** *daran!)*

Der Name deines Ichs weist natürlich noch immer Identifizierungsmerkmale auf. Der Name deines Ichs hat gewisse Vorlieben oder Abneigungen. Der Name deines Ichs ist so sehr mit dem Gefühl verbunden, dass da auch jemand ist, dem das Ich gehört. Doch was eigentlich geschieht, ist, dass alles alleine passiert und schon immer passiert ist. Es gab nicht mal jemanden, dem dann das Ich passiert ist und ihm auch gehört.

Es gibt nur im Sein spontane Gefühle oder Gedanken, die auftauchen. Mehr gibt es nicht. Alles, was dazukommt, ist eine Geschichte und wird von den Gedanken erfunden, die denken, dass sie zu jemandem gehören. Doch da ist niemand, nur ein Körper, der denkt und fühlt und lebt. (Sogar das ist eine Geschichte, aber wir benutzen sie einfach einmal.)

Alles, was im Körper auftaucht, ist Sein. Alles, was der Körper wahrnimmt, ist Sein. Sein ist alles, was es gibt. Wenn es nicht auftauchen würde, wäre es auch kein Sein. Alles darf sein, weil alles da ist. Du bist Sein. Du bist alles, was auftaucht.

Daher diese Unterhaltung. Sein geht, denkt, fühlt etc. Für Sein gibt es keine Bedingungen. Sein muss noch nicht einmal jemandem gehören.

Das ist wahre Lebendigkeit und in ihr vibriert alles. Das ist ein Wunder. Das Ich versucht, das Wunder nur zu kategorisieren, einzuordnen und zu sichern, in einen Plastikbeutel zu packen und in die Gefriertruhe zu legen, damit ja nichts passieren kann.

Daher wird diese Unterhaltung einfach nur noch das sehen, was gerade da ist und das ist Einheit/Leben, die keine Bedingung stellt. Sie hat keine Vorlieben und Abneigungen, auch wenn im Körper Vorlieben und Abneigungen auftauchen. Einheit/Leben ist so gesehen allumfassende, unendliche Liebe. Liebe, die weit über jede Liebe hinaus geht, die wir kennengelernt haben. So unfassbar, grenzenlos. Alles darf sein.

Nichts, was gesucht werden muss, um zu sein und sich selber zu beweisen, dass da jemand ist. Es ist das Leben selbst, das lebt und jeden Moment gefeiert wird, weil es das ist, was ist.

Formuliere genau, was du jetzt wahrnimmst, was passiert. Allerdings als Sein und dazu, dass Sein es auch scheinbar darf und alles bedingungslose, unendliche Liebe ist.

Beispiel:

Sein ist verwirrt. Sein darf scheinbar verwirrt sein, denn das ist bedingungslose, unendliche Liebe.

Sein denkt, das bringe nichts. Sein darf scheinbar denken, das bringe nichts, denn das ist bedingungslose, unendliche Liebe.

Sein sieht die Bäume. Sein darf scheinbar die Bäume sehen, denn das ist bedingungslose, unendliche Liebe.

Sein spürt den Wind. Sein darf scheinbar den Wind spüren, denn das ist bedingungslose, unendliche Liebe.

Sein hat Angst. Sein darf scheinbar Angst haben, denn das ist bedingungslose, unendliche Liebe.

Sein fühlt sich einsam und ungeliebt. Sein darf sich scheinbar einsam und ungeliebt fühlen, denn das ist bedingungslose, unendliche Liebe.

Nehme dir jetzt dafür gefühlte ein bis zwei Minuten Zeit.

Dann:

Schreibe heute alles auf, was jetzt nicht als Gefühl da sein darf. Fühle jetzt den Augenblick. Schreibe jede Unruhe auf, jedes

Gefühl, das du wegschieben und somit nicht fühlen willst - und welche Empfindung als Ersatz da sein sollte. Dieses machst du als Sein.

Zum Beispiel: Sein sollte sich jetzt nicht wertlos fühlen, sondern sich lieben.

1.____

2.____

3.____

4.____

5.____

6.____

7.____

8.____

9.____

10.____

11.____

12.____

13.____

14.____

Dann:

Tagesunterhaltung:

So, du musst jetzt nicht mehr in der, für dich ungewohnten, dritten Person sprechen. Du sagst nicht mehr: „Er schaut jetzt Fernsehen", sondern immer, wenn du dich erinnerst: „Sein schaut jetzt Fernsehen und das ist bedingungslose, unendliche Liebe".

10. Unterhaltung

Es gibt nur das Jetzt. Jeder Gedanke an die Vergangenheit oder Zukunft taucht nur im Jetzt auf. Jeder Wunsch erscheint jetzt, auch wenn er sich auf Angst begründet. Da alles möglich ist, kannst du ohne Anstrengung den Wunsch, der hochkommt, sehen und dabei erkennen, dass er nur aus der Liebe, die du bist, entsteht. Die Angst kann dann verblassen und dies wird erkannt. Alle deine Wünsche sind gut und sind du! Wie könnte es anders sein?

Mach diese Unterhaltung für ein paar Minuten:

Setze dich bequem hin und schaue auf deine Vergangenheit. Stell dir einfach vor, dass alle Wünsche, die du hattest, schon erfüllt wurden. Stelle dir konkrete Situationen vor. Male sie dir aus, erschaffe eine neue Welt, eine neue Vergangenheit. Diese ist genauso gültig wie die, an die du bis jetzt geglaubt hast. Da jede Vergangenheit nur jetzt erscheinen kann, kannst du auch einmal ein Bad nehmen. Ein Wohlfühlbad. Erschaffe dir jetzt eine neue Geschichte mit konkreten Wünschen, die erfüllt worden sind. Lass deine ganze Vergangenheit los und somit jedes Gefühl, das in Verbindung mit ihr bedeutungsvoll war. Alle deine Wünsche wurden erfüllt, wirklich alle. Lass dich in das Gefühl hineinfallen.

Was bleibt dann? Dann bleibst nur du! Dann bleibt nur das, was jetzt erscheint! Es gibt dann keinen Wunsch mehr, den du in der Zukunft noch erreichen musst, um dir jetzt zu beweisen, dass du voller Angst bist. Nein, die Wünsche sind schon alle erfüllt worden. Die Angst ist daher nicht mehr notwendig. Dann bleiben das Spiel und die gefüllte Leere.

Du kannst jederzeit dieses Bad nehmen. Vielleicht erscheinen dann auch Gefühle, von denen du überrascht bist. Du bist vollkommen. Deine Wünsche sind Liebe. Du bist ganz.

Setze dich hin und lass dich in das Gefühl fallen, dass alle deine Wünsche schon erfüllt worden sind. Auch das bist du! Denn das ist es, was jetzt aufsteigt und dir in diesem Moment nicht mehr beweist, dass du unvollkommen, sondern vollkommen bist. Wünsche sind herrlich und zeigen dir, was du schon jetzt alles bist. Sie wurden schon erfüllt, einfach dadurch, dass sie erscheinen. Sie können nur erscheinen, weil sie jetzt Wirklichkeit sind und schon längst erfüllt wurden. Gib dich diesem Geschenk hin.

Erinnere dich an gestern und deinen ausgesprochenen Beweis.

Sieh diesen als erfüllt an. Stelle dir Situationen vor, die du im kleinsten Detail ausmalst und fühle, dass der betreffende Wunsch erfüllt worden ist. Lass dich hineinfallen! Das Gefühl ist jetzt genauso wirklich!

Schreibe heute - als Sein - einen Beweis auf und spreche diesen dann wieder ohne Zweifel laut aus:

Sein **wird heute** ________________________________

Beinhaltet Sein auch das Wünschen?

Dann:

Suchen bedeutet, dass dieser Augenblick, der ja vollkommen ist, durch eine kleine Unruhe überschattet wird. Diese Unruhe sagt, dass etwas fehlt. Dadurch, dass etwas fehlt, wird etwas gesucht. Etwas, das dich, könntest du es erreichen oder würde es dir gehören, die Vollkommenheit des Gegenwärtigen wieder spüren lässt. Diese Unruhe kann von dir bemerkt werden. Du kannst erfassen, dass in diesem Moment nichts fehlt, alles vollkommen ist. Und daher kannst du das Suchen loslassen.

Nimm dir ein bis zwei Minuten, um das Suchen wahrzunehmen

und wieder in das Unbekannte zu fallen. In diesen Minuten beobachtest du, ob das Suchen, wenn auch nur ganz subtil, da ist. Dadurch, dass du es wahrnimmst, heftest du dich nicht mehr daran. Du lässt es einfach stehen. In diesem Moment ist seine Aufgabe als Motor nicht mehr wichtig. Das bedeutet, sobald du das Suchen wahrnimmst, fällst du in das Unbekannte. Da dies völlig außerhalb des Verstehens geschieht, kannst du es auch nicht verstehen und etwas dafür tun, dass es passiert. Und doch passiert es.

Nehme dir jetzt dafür gefühlte ein bis zwei Minuten Zeit.

Dann:

Nimm deine Gefühle wahr. Spüre jede vorhandene Anspannung. Jede Anspannung, die dir sagt, dass etwas verändert werden muss. Fühle das Leben in all seinen Farben. Jede Farbe, die als Gefühl auftaucht, hat seine Berechtigung.

Dein Wert, der Wert des Seins, ist nicht mehr davon abhängig, welche Gefühle oder Gedanken erscheinen. Daran wird nicht mehr der Wert des Lebens gemessen. Nehme die Gefühle wahr, die jetzt im Sein auftauchen, ganz und total. Nur darin besteht der Wert des Lebens. Das ist dein wahres Ich. Die Gefühle tauchen auf, ohne dass sie verändert werden können, ohne dass sie verändert werden sollen. Wenn bei dieser Unterhaltung eine Tendenz auftaucht, diese Unterhaltung zu machen, damit sich etwas verändert, wird dies einfach von dir wahrgenommen.

Nehme dir jetzt dafür gefühlte ein bis zwei Minuten Zeit.

Dann:

Tagesunterhaltung:

Der Wert des Lebens wird heute nur an den Gefühlen gemessen. Sobald du dir eines Gefühls gewahr wirst, fühlst du den Wert des Lebens. Lasse immer wieder deine Gefühle sprechen. Ruhe in ihnen. Deine ganze Aufmerksamkeit ist immer auf dein Gefühl gerichtet, niemals auf den Gedanken. So lange, bis Aufmerksamkeit und Gefühle eins sind.

Kurze Unterhaltungsunterbrechung

Oh nein! Die Trennungsenergie wird alles versuchen, damit sie am Leben bleibt. Also wird sie mit allem aufwarten, was sie zu bieten hat. Du bekommst vielleicht eine Ahnung, wovon hier gesprochen wird. In Einheit/Leben erscheint Panik. Panik bedeutet, es könnte ja etwas Einheit/Leben werden, was schon immer Einheit/Leben war und sich nicht mehr als getrennt erleben.

Das heißt, es könnte dir schlechter und schlechter gehen. Es wird immer mehr Angst auftauchen, um dir zu zeigen, dass du eine Wahl hast, dass du ein Leben hast, eine Zukunft und dass du den Schmerzen entgehen kannst. Du musst nur den Glauben an das Ich behalten, den Glauben, dass Trennungsenergie getrennt von Einheit/Leben ist, dann wird alles gut.

Das heißt also, alleine das Büchlein in der Hand zu halten

und einen Blick hineinzuwerfen, lässt dein Ich schon schwitzen. Die Unterhaltung weiterzumachen, würde sein Ende bedeuten.

Wenn dann auch noch etwas in der Unendlichkeit widerhallt, lässt es dein Ich aufschreien. Wenn du auch noch erkennst, dass das Ich eine Illusion ist, dann ist ein Kampf fast unvermeidlich. Vielleicht hast du ja schon gemerkt, dass es dir etwas schlechter geht, dass du mehr und mehr zu kämpfen hast, dass dein Ich alles versucht, dich davon zu überzeugen, dass es nur eine Lösung gibt: Nämlich sofort damit aufzuhören, dies hier zu lesen und dich damit zu beschäftigen. Du kannst aber auch weiter machen und lässt das Ich gegen Windmühlen kämpfen. Ich wollte dir nur etwas Mut machen, dass alles, was passiert, genau das ist, was du jetzt brauchst; auch wenn es so erscheint, als würde alles schlimmer werden. Das ist eigentlich wieder ein gutes Zeichen, dass da etwas passiert, dass die Leichtigkeit und in erster Linie der Frieden, der immer anwesend ist, sich bald zeigen wird, weil er dich nie verlassen hat. Es kann sogar so aussehen, als würde es in dir leer werden, weil die Suche, die Sehnsüchte und dadurch alle Freuden vergehen und sich nur noch Leere breit macht. Doch genau diese Leere ist das, was du bist, wenn alles andere aufhört.

Der Rest vom Ich wird dann noch einmal versuchen, dich umzulenken. Es wird dir sagen wollen, dass du diese Leere wieder mit Hoffnungen und Dingen füllen kannst. Denn diese Leere ist ungewohnt und daher gefährlich und langweilig. Wenn diese Leere nicht weiter beachtet wird und auch sein kann und darf, dann erscheint in ihr die Fülle des Lebens, nur ganz anders, als du es dir jemals hättest vorstellen können. Sie ist nicht mit dem Glück zu vergleichen, das du kanntest. Es wird ganz anders sein: Die wahre Fülle des Lebens. Daher lass die Leere sein und erlaube dir, sie nicht selber zu füllen. Das ist nur eine billige Füllung, die dir noch nie wirklich Trost gespendet hat.

Lass es geschehen und es wird geschehen, wenn du keine Geschichte daraus machst. Dann wird sich diese Leere offenbaren als das, was du bist und sie wird keine Leere mehr sein, sondern nur noch Fülle von allem, was ist. Die Leere ist nicht die Abwesenheit, sondern die Anwesenheit von allem, was es gibt.

Oft wird die dunkle Seite in dir noch einmal aufgewühlt. Damit meine ich alle Gedanken und Gefühle, die du so liebend gerne nicht hättest. Das, was vermeintlich böse, verletzend, unmoralisch, schlecht und destruktiv ist, kommt alles hoch. Das ist die letzte Waffe der Trennungsenergie. Um Angst und Abneigung entstehen zu lassen, werden alle Geschütze aufgefahren. Dies ist der beste Nährboden des Ichs, um wieder in einer Welt zu leben, die gefährlich, unsicher und chaotisch ist. Doch muss auch das Dunkle in dir nicht verändert werden, weil erstens die Einheit/Leben da keinen Unterschied macht und zweitens jede Unterdrückung des Dunklen oder jede Beurteilung die Angst wirklich macht und die Welt in wahre Abgründe reißt. Auch dies ist Sein. Aber das Wichtigste ist, dass es auch nur Energie ist und wenn diese Energie nicht als das gesehen wird, was sie ist, nämlich Einheit/Leben, dann sucht sie sich neuen Raum, um einfach zu sein. Das Sein ist immer im Gleichgewicht. Wenn etwas nicht sein darf und - auf Teufel komm raus - verändert werden muss, dann werden andere Ventile gesucht, um zu sein. Also, wenn die wirklich dunklen Seiten in dir auch sein dürfen, weil sie ja schon sind, dann brauchen sie nicht durch andere Menschen ausgedrückt zu werden.

Der Einheit/Leben ist es gleichgültig, wo und wie diese

Energien erscheinen. Wenn du sie sein lässt, befreist du andere Menschen oder die Welt davon, sie zu sein. Also anders ausgedrückt, wo es eine Mutter Theresa gibt, gibt es auch einen Hitler. Wo das Dunkle nicht in dir sein darf, erscheint es in einem Freund oder in der Welt. Wo das Helle nicht in dir sein darf, wird es sich woanders einen Weg suchen, um zu sein. Also nicht, dass du einen Einfluss darauf hast oder eine Wahl. Es passiert!!! Das Leben/Einheit ist überall, auch wenn es nicht Leben/Einheit sein darf und mit Konzepten zugedeckelt wird. Mach es dem Leben einfacher. Wenn alles Leben/Einheit sein darf, auch das Dunkelste in dir, dann erkennst du irgendwann, dass es keinen Unterschied zwischen vermeintlicher Dunkelheit und Helligkeit gibt.

Doch Entwarnung?

Natürlich gibt es nach der Warnung auch eine Entwarnung. Alles, was passiert, ist Einheit/Leben. Auch wenn sich nun die Hölle auftut, ist dies Einheit/Leben. Was bestimmt passieren wird, ist, dass Situationen und Gefühle auftauchen, die sich nicht angenehm anfühlen. Dann entsteht schnell ein Gedanke, wie: Ich muss das o. k. finden, ich muss dieses Gefühl einfach zulassen, ich darf keinen Widerstand haben, alles ist Einheit/Leben. Gedanken werden auftauchen, die dir versprechen, dass sich die unangenehmen Gefühle auflösen werden, wenn du alles zulässt, positiv denkst oder versuchst, im Sein zu verweilen. Es wird wieder Leichtigkeit herrschen und bedingt dadurch, sich schöne Gefühle einstellen. Das Leiden wird beendet werden.

Doch Einheit/Leben braucht deine Erlaubnis nicht, um sein zu dürfen. Auch unangenehme Gefühle oder Zustände sind Einheit/Leben. Nur allein dadurch, dass du schon wieder denkst, dass du etwas tun kannst, um das Unangenehme zu vermeiden, tappst du in die Falle der Trennungsenergie. Diesmal aber sehr raffiniert. Lass alles zu, entspanne dich im Hier und Jetzt; du bist Einheit/Leben, das auch Unangenehmes beinhaltet.

Vielleicht taucht dann kurz Entspannung auf, aber es ist nur ein Luft holen vor dem nächsten Verändern-wollen, vor dem nächsten Kampf gegen das Sein. Einheit/Leben ist alles, auch das Unangenehme, Schreckliche, Furchtbare und alles, was du gedenkst zu tun, um mehr zu sein. Der Wunsch danach, Einheit/Leben zu erfahren, um wieder mehr Glück zu spüren, lässt die Trennungsenergie wieder dichter werden. Beurteilungen dürfen sein, sogar Geschichten kreieren darf sein. Alles darf sein. Es geht ja nicht darum, nichts mehr zu beurteilen und alles gleich zu finden. Das ist es auch. Aber es ist auch das Schwert der Beurteilung.

Erst wenn die Suche nach dir selbst aufhört und alles da sein darf, was ist, wirst du dich gefunden haben. Erst wenn die Suche nach einem Gewahrsein aufhört, kann das erscheinen, was schon immer da war und ist.

Vielleicht passiert das "Sich-Erinnern", ohne dass du etwas tun musst, ohne dass Einheit/Leben anders sein sollte. Das ist alles. Es geht nicht um schönere Gefühle, tollere Zustände, ein angenehmeres Leben. Alles das, was ist, ist schon Einheit/Leben, ist das, was gesucht wird, ist das, was sein soll. Nichts muss verändert werden, damit das Sein „Sein“ ist.

Jedes kleinste Gefühl, dass etwas verändert werden sollte,

entsteht durch die Trennung und sei es nur, dass man denkt, man muss etwas bejahen oder akzeptieren.

Auch das ist natürlich Einheit/Leben, doch beinhaltet Einheit/Leben auch Nicht-Einheit/Leben. Hier wird wieder davon gesprochen, dass es auch Einheit/Leben ist. Das ist alles. Also entspanne dich in der Hölle, ohne dass du denkst, dass du das Entspannen tun kannst, ohne dass es zu einem Ziel von mehr Leichtigkeit oder Glück führen soll, darum geht es nicht. Es ist Einheit/Leben, die sich entspannt, mehr nicht.

Es könnte sein, dass ein Gefühl des Losgelöst-Seins entsteht. Du hast nun so viel darüber gehört, dass alles vollkommen ist. Dies könnte dazu verleiten, dass du eine Glasglocke über dein Leben stülpst und es, wie von außen betrachtest. Doch die Schmerzen kommen wieder. Es ist nur eine neue Form der Schmerzvermeidung und somit kann es durchaus passieren, dass der Glaskasten um dich herum zerstört wird.

Jeder aufgetauchte Schmerz ist ein Geschenk an dich. Er will dich daran erinnern, dass das Leben dich trotzdem dazu einlädt, etwas zu wagen und diese Erlebnisse auch zu genießen. Das Leben ist etwas unvorstellbar Herrliches.

11. Unterhaltung

Erinnere dich an gestern und deinen ausgesprochenen Beweis.

Sieh diesen als erfüllt an. Stelle dir Situationen vor, die du im kleinsten Detail ausmalst und fühle, dass der betreffende Wunsch erfüllt worden ist. Lass dich hineinfallen! Das Gefühl ist jetzt genauso wirklich!

Schreibe heute einen Beweis auf als Sein und spreche diesen dann wieder ohne Zweifel laut aus:

Sein **wird heute** ______________________________

(Nur Lesestoff für Figuren, die ihre Vergangenheit verlieren wollen:

> *Erschaffe eine neue Erinnerung. Diese taucht nun auf und ist erfüllt. Sehe einen Wunsch, der in der Vergangenheit erfüllt worden ist. Sehe das Bild, rieche es und schmecke es. Es ist schon geschehen!!! Daher braucht es auch keine Angst mehr vor diesem Wunsch zu geben, denn dieser ist schon erfüllt und dadurch kein Wunsch mehr. Es ist eine tatsächliche Erinnerung. Eine Tatsache!)*

Nur das, was wahrgenommen wird, ist real. Das ist die Wirklichkeit und es gibt nichts anderes. Alles andere ist ein Fantasieprodukt der Gedanken, die ihr Leben absichern wollen, um Glück zu suchen oder Schmerz zu vermeiden. Nur was gerade in der Wahrnehmung des Körpers passiert, ist auch Einheit/Leben, das Sein, das sich jeden Moment zeigt. Auch das Abschweifen in eine Geschichte ist natürlich das Sein.

Doch wird die Geschichte oft oder eigentlich immer für wahrer und wirklicher genommen als das, was gerade wirklich passiert. Das ist natürlich auch Einheit/Leben. Jedoch wird Einheit/Leben dadurch nicht als Einheit/Leben gesehen. Dies ist nicht verkehrt, weil es natürlich so ist, aber es ist auch nicht falsch, die Geschichte nicht wirklicher zu nehmen als die Wirklichkeit. Jedes Gefühl oder jeder Gedanke wird eingebettet in eine Geschichte, also in etwas, das einen Sinn hat und etwas über jemand aussagt. Der Körper spürt einen Druck in der Herzgegend. Die dazugehörige Geschichte bedeutet, dass Traurigkeit erlebt wird; dass ich von einem anderen Ich verlassen wurde, also alleine bin und niemals mehr glücklich werden kann. Ich wurde schon so oft verlassen. Das liegt daran, dass ich sooo schrecklich bin und keiner mich mag. Noch nicht einmal Gott, der mich ja aus dem Paradies geworfen hat. Ich bin eine Katastrophe für die Menschheit. Eigentlich möchte ich am liebsten sterben ... Der Druck in der Herzgegend wird bei jedem Detail der Geschichte immer stärker und stärker.

Das ist eine Geschichte, die zu dem Druck in der Herzgegend auftaucht, doch was wirklich ist, ist, dass nur ein Druck in der Herzgegend wahrgenommen wird, ein Gefühl dazu und ein Gedanke - mehr ist es nicht. Sein hat einen Gedanken. Eine erweiterte Geschichte dazu könnte folgendermaßen aussehen: Es besteht die Möglichkeit, dass meine Bank bankrottgeht. Das bedeutet, dass ich verhungern müsste oder zum Arbeitsamt renne und mir einrede, dass ich nichts wert bin. Aber es ist nur ein Gedanke, der von irgendwoher auftaucht und mir suggeriert, dass morgen die Börse schlapp macht. Das Reale daran ist, dass dieser Gedanke auftaucht - mehr ist es nicht. Alles andere ist eine Geschichte dazu. Möglich ist auch, dass sich das Körper-Sein in Form von Weinen, Schreien oder Lachen ausdrückt. Aber dazu wird keine Geschichte erfunden.

Du sagst heute, was genau passiert, was genau du wahrnimmst, jedoch ohne jede Interpretation. Allerdings als Sein und dass alles, was darüber hinausgeht, eine Geschichte darstellt, die nicht real und daher völlig bedeutungslos ist.

Beispiel:

Sein hat Gedanken, die verwirrt sind und jede Geschichte dazu ist eine Geschichte und daher völlig bedeutungslos.

Sein versucht Schmerzen zu vermeiden und jede Geschichte dazu ist eine Geschichte und daher völlig bedeutungslos.

Sein lacht oder weint und jede Geschichte dazu ist eine Geschichte und daher völlig bedeutungslos.

Sein denkt, das bringt nichts und jede Geschichte dazu ist eine Geschichte und daher völlig bedeutungslos.

Sein sieht die Bäume und jede Geschichte dazu ist eine Geschichte und daher völlig bedeutungslos.

Sein spürt den Wind und jede Geschichte dazu ist eine Geschichte und daher völlig bedeutungslos.

Sein hat in der Magengegend ein komisches Gefühl. Normalerweise würde es das als Angst bezeichnen, aber jede Geschichte dazu ist eine Geschichte und daher völlig bedeutungslos.

Sein fühlt einen stechenden Schmerz in der Brust. Normalerweise würde es das als einsam und ungeliebt bezeichnen, aber jede Geschichte dazu ist eine Geschichte und daher völlig bedeutungslos.

Nehme dir jetzt dafür gefühlte ein bis zwei Minuten Zeit.

Dann:

Tagesunterhaltung:

Immer, wenn du dich im Laufe des Tages erinnerst, sage z. B. „Sein geht spazieren und jede Geschichte dazu ist eine Geschichte und daher völlig bedeutungslos."

12. Unterhaltung

Erinnere dich an gestern und deinen ausgesprochenen Beweis.

Sehe diesen als erfüllt an. Erinnere dich an gestern und sehe Situationen, in denen dieser Wunsch erfüllt worden ist. Male dir jede Kleinigkeit aus und fühle, dass der Wunsch erfüllt worden ist. Lass dich hineinfallen! Das Gefühl jetzt ist genauso wirklich!

Schreibe heute einen Beweis als Sein auf und spreche diesen dann wieder ohne Zweifel laut aus:

Sein **wird heute** ____________________________________

Das Ich wird durch Gedanken aufrechterhalten. Das Konstrukt Ich wird niemals hinterfragt. Doch nun setze dich hin und schau mal, was da wirklich ist. Achte darauf, wie du dein Ich denkst. Suche und bestimme dein Ich, aber nicht durch Gedanken. Folge ihm ohne Gedanken. Lass alle Gedanken, die du zu deinem Ich hast, einfach beiseite. Und dann fühle dein Ich. Denke es nicht, sondern versuche es zu fühlen. Lass dich immer weiter in das Fühlen hineinfallen. Lass es immer tiefer werden. Sobald Gedanken auftauchen, die dein Ich wieder eingrenzen wollen, achte nicht auf sie. Komme auf das Fühlen zurück und erfühle dein Ich.

Genau dieses Fühlen ist das Tor zum Nicht-Ich, zur Nicht-Erfahrung deines „Ichs". Dabei wird dir etwas auffallen. Jeden Moment, auch in dieser Unterhaltung, gibt es in dir etwas Vertrautes. Dieses Vertraute, wenn es mal nicht hinterfragt wird, sagt, dass es einfach dein Ich ist. Aber wenn du im Fühlen deines Ichs bist, merkst du, dass dieses Vertraute, das immer da war und immer da ist, das ist, was du bist. Dieses Vertraute ist unendlich und uralt. Es war da, als du ein Baby, ein Teenager warst und es wird da sein, wenn du ein alter Mensch sein wirst. Diesem Vertrauten kannst du dich ganz hingeben, dich ganz hineinfühlen. Versuch es nicht zu benennen oder einzugrenzen. Lass dich ganz in das Vertraute fallen. Das bist du ohne Schnickschnack, ohne doppelten Boden. Das ist alles, was da ist: etwas unendlich Vertrautes. Das Fühlen wird dich hinführen.

Nehme dir jetzt dafür gefühlte ein bis zwei Minuten Zeit.

Dann:

Erweitere heute um eine weitere Minute. In ihr kannst du dich einfach völlig in das Unbekannte fallen lassen. Im Leben gibt es immer eine leichte Ahnung von etwas völlig Fremdem. Es ist unbekannt, unsicher und unendlich. Es ist etwas, was dich immer begleitet hat, wo du nie hingeschaut hast, weil es sich so unsicher anfühlt. Doch in dieser einen Minute, in der du hinschaust, kann es durchaus sein, dass du in das Unbekannte, sich ängstlich Anfühlende, geworfen wirst. Oder besser gesagt, dafür wird ein Raum bereitet, in dem es sein darf. Das ist alles so unvorstellbar, dass es jetzt echt über das Verstehen hinausgeht. In dieser Minute passiert einfach das Unbekannte.

Nehme dir jetzt dafür gefühlte ein bis zwei Minuten Zeit.

Dann:

Erinnere dich daran, die Suche nach Liebe bei anderen Menschen und zu dir selbst jetzt sterben zu lassen, für den ganzen Tag und in jeder Situation. Jetzt, in dieser Minute. Jetzt, in dieser Sekunde.

Dann:

Tagesunterhaltung:

Immer, wenn du dich heute erinnerst, lass dich ganz und gar in das Unbekannte fallen. Lass dich in die Tiefen deines Seins, des Lebens, der Unendlichkeit fallen. Lass jede Sicherheit hinter dir und öffne dich dem absoluten Mysterium.

13. Unterhaltung

Erinnere dich an gestern und deinen ausgesprochenen Beweis.

Sehe diesen als erfüllt an. Erinnere dich an gestern und sehe Situationen, in denen dieser Wunsch erfüllt worden ist. Male dir jede Kleinigkeit aus und fühle, dass der Wunsch erfüllt worden ist. Lass dich hineinfallen! Das Gefühl jetzt ist genauso wirklich!

Vielleicht kommt es dir immer absurder vor, nach Beweisen für Einheit/Leben zu suchen. Vielleicht erkennst du langsam die Täuschung und durchschaust, dass nach jedem Beweis sofort ein neuer entsteht und somit die Trennung aufrechterhalten wird.

Daher nimm diesen Satz heute und sprich ihn bitte wieder laut und ohne Zweifel aus:

Heute braucht es keinen Beweis dafür, dass alles schon Einheit/Leben ist.

Wenn es keiner Beweise mehr bedarf, wird dieser Moment der einzige sein, den es gibt. Keine Zukunft wird dich befreien!

(Nur Lesestoff für Figuren, die ihre Zukunft verlieren wollen:

> *Gedanken an eine mögliche Zukunft deiner Figur tauchen jetzt auf. Sie begleiten deine jetzigen Gefühle. Das ist alles. Ob diese Zukunft wirklich wird oder nicht, spielt überhaupt keine Rolle. Erschaffe für deine Figur eine neue Zukunft! Alles das, was sie erreichen könnte und was sie sich wünscht, erscheint nun in der Zukunft. Dann nehme diese Bilder und Gefühle und lege sie in die Vergangenheit. Sieh, dass alles schon erreicht worden ist. Alles das, was in der Zukunft auf dich gewartet hat an Erfüllung, ist schon passiert. Vor einem oder fünf Jahren. Erinnere dich jetzt daran!)*

Alles, was wahrgenommen wird, wird auch bemerkt. Das ist klar und kann auch jederzeit überprüft werden. Das, was nicht wahrgenommen wird, entzieht sich deiner Bemerkung. Ist das nicht toll? So einfach ist es. Dieses Mal wird noch nicht einmal das Sein erwähnt, denn, dass es gebraucht wird, damit Einheit/Leben sein kann, ist natürlich auch eine Geschichte.

Doch gibt es beim Wahrnehmen dessen, was wahrgenommen wird, immer noch etwas, das glaubt, dass es das Ich ist, das wahrnimmt. Doch haben wir ja jetzt immer wieder gesehen, dass es nicht das Ich ist, weil es niemandem gehört. Doch das Wahrnehmen geschieht – und wenn es das Ich nicht ist, wer oder was bemerkt dann die Wahrnehmung? Also wäre die Schlussfolgerung, dass das Wahrnehmen einfach geschieht, so wie das Sehen oder Atmen. Es gibt nichts, was das Wahrnehmen oder das Atmen erzeugt; es passiert ohne eine Einmischung des Ichs. Es ist schon immer geschehen.

Also das, was gerade diese Zeilen hier wahrnimmt und sie liest, ist alles, was geschieht. Jedes subtile Gefühl von einem Ich, das das Wahrnehmen macht, wird auch bemerkt. Daher muss nichts losgelassen oder verändert werden. Das Wahrnehmen, auch eines Existenz-Gefühls oder einer Trennung, geschieht. Sogar, dass das Ich glaubt, jemandem zu gehören, wird erkannt. Alles das taucht auf und wird wahrgenommen, einfacher geht's nicht mehr. Das ist so unmittelbar, dass sich jeder fragt, warum das vorher noch nicht erkannt wurde - wieder mal ein kosmischer Joke. Wahrnehmen und das, was wahrgenommen wird, ist nicht getrennt, es ist eins. Beides erscheint und braucht sich, um zu sein. Es ist das Sein und daher nichts, was getrennt ist.

Du sagst nun, was genau geschieht und wer das wahrnimmt.

Beispiel:

Sitzen geschieht, es ist niemand da, um es wahrzunehmen, doch Wahrnehmen geschieht einfach.

Weinen geschieht, es ist niemand da, um es wahrzunehmen, doch Wahrnehmen geschieht einfach.

Denken geschieht, es ist niemand da, um es wahrzunehmen, doch Wahrnehmen geschieht einfach.

Hören geschieht, es ist niemand da, um es wahrzunehmen, doch Wahrnehmen geschieht einfach.

Nehme dir jetzt dafür gefühlte ein bis zwei Minuten Zeit.

Dann:

Tagesunterhaltung:

Immer, wenn du dich im Laufe des Tages erinnerst, sage z. B. „Sitzen geschieht und es ist niemand da, um es wahrzunehmen, doch Wahrnehmen geschieht einfach."

Wenn du heute nach etwas anderem suchst, weil dir die gegenwärtige Situation nicht gefällt, dann nimm das jedes Mal wahr. Immer, wenn dies da ist, ist auch gleichzeitig das Fallen in das Unbekannte da. Dadurch wird nicht mehr am Suchen festgehalten.

14. Unterhaltung

Erinnere dich an gestern und deinen ausgesprochenen Beweis.

Sehe diesen als erfüllt an. Erinnere dich an gestern und sehe Situationen, in denen dieser Wunsch erfüllt worden ist. Male dir jede Kleinigkeit aus und fühle, dass der Wunsch erfüllt worden ist. Lass dich hineinfallen! Das Gefühl jetzt ist genauso wirklich!

Nehme diesen Satz heute und sprich ihn bitte wieder laut und ohne Zweifel aus:

Heute braucht es keinen Beweis dafür, dass alles schon Einheit/Leben ist.

Wenn es keiner Beweise mehr bedarf, wird dieser Moment der einzige sein, den es gibt. Keine Zukunft wird dich befreien!

Heute bist du das Nichts, das alles ist. Erfühle das Universum - dieses unendliche Nichts, in dem alles geboren wird und alles vergeht. Sterne, Galaxien, schwarze Löcher entstehen. Mit einem Wimpernschlag vergeht ein Planet und fällt zurück in das Nichts. Dinosaurier kommen und gehen. Supernovas, rote Riesen und Sonnen erscheinen. Es gibt keine Begrenzung, nur die Unvorstellbarkeit und die Unendlichkeit des Universums.

Sogar das Licht, das andere Planeten reflektieren, soll schon vor Milliarden Jahren erschienen sein. In der Nähe von schwarzen Löchern wird die Zeit gebogen. Die Natur ist unfassbar und extrem wunderlich. Alles ist möglich. Alles ist eine Geschichte, die jetzt auftaucht. In diesem Unglaublichen, Wunderhaften, Unendlichen, Großartigen erscheinst auch du. In diesem Moment erscheint alles in der Wahrnehmung. Da, wo auch Nichts, bzw. leerer Raum sein könnte, ist alles da. Alles hat sich in diesem einen Augenblick, in diesem einen Gefühl, das du hast, in dieser einen Bewegung, die du machst, konzentriert. Alles erscheint jetzt, wo doch auch nichts sein könnte.

Lese noch einmal das Märchen vom Nichts:

Das Nichts (Ein Märchen)

Es war einmal das Nichts. Es war unendlich, allumfassend. Es gab nichts, was es nicht war. Ein immerwährendes Nichts. Ein raumloser Raum ohne Anfang und Ende. Kein Ding, kein Planet, kein Gefühl und auch kein Gedanke. Es war einfach nichts. Nichts war da und das so rein und allumfassend. Jahrmillionen Jahre und noch länger war es nichts und es wird immer nichts bleiben.

Nichts fehlte dem Nichts. Da, wo nichts fehlt, ist auch alles möglich. Das Nichts konnte auf einmal alles sein. Wie jetzt. Wie dieser Moment. Unendlichkeiten drücken sich in diesem einen Augenblick aus. Da, wo auch nichts sein könnte, ist alles da, was ist. Ein Grashalm. Eine Fliege. Ein Du. Ein Gedanke. Ein Gefühl. Ein Körper. Eine Trennung. Eine Sehnsucht. Eine Trauer. Eine Liebe. Ein Schmerz. Eine Wahrnehmung. Eine Gräueltat. Ein Orgasmus. Eine Langeweile. Ein Geruch. Ein Finger. Ein Herzklopfen. Ein Atem. Ein Leben.

Da, wo nichts sein konnte und immer war und es immer so sein würde, war auf einmal etwas da. Es war etwas, was alles ist. Es gab nichts, was mehr sein könnte oder anders sein müsste. Genau das, was jetzt da ist. Es wird nie wieder so sein. In einer Stunde ist es vielleicht wieder nichts. Vielleicht war es vor zehn Minuten nichts oder vor einer Sekunde. Wer weiß! Doch jetzt ist es etwas. Ein Lesen. Ein Schreiben. Ein Fühlen. Ein Seufzen. Eine Angst. Eine Ohnmacht. Ein Traum. Ein Apfel. Ein Geschmack. Ein Fühlen. Ein Gedanke. Wie unglaublich wundervoll! Welche Dankbarkeit steigt in dem Nichts hoch. Dankbarkeit für das, was gerade ist. Gleichgültig, was es ist.

Gleichgültig, als was es erscheint. Es ist eine Gnade, dieses Etwas jetzt zu erleben: es zu sehen, es zu schmecken, es zu leben. Das ist die einzige Bedeutung, die es hat: etwas zu sein – und das vollkommen! Abso-

lut perfekt, unbeschreiblich, unverstanden. Etwas ist gerade. Eine Sehnsucht. Eine Suche. Ein liebevoller Blick. Ein Schmerz in den Schultern. Was braucht es mehr? Was braucht es mehr, um das zu sein, was es nicht jetzt schon ist? Ist das nicht das Wundersamste und Unglaublichste, was überhaupt jemals passieren konnte? Dass etwas da erscheint, wo auch alles nichts sein könnte? In diesem Etwas gibt es keine Fragen. Es gibt keine Antworten. Es gibt nur diesen einen Augenblick. Doch können natürlich Fragen auftauchen. Es kann versucht werden, diese Gnade zu benennen. Es kann Leiden geben. Alles darf sein. Auch du darfst sein, mit allem, was jetzt ist. Jetzt ist etwas da und das ist alles, was es gibt.

Und es gibt wieder eine Minute, in der das völlige Wahrnehmen des Unendlichen, Unbekannten präsent ist. Ihm gibst du Raum und somit fällt alle Sicherheit weg. Immer weiter und tiefer geht der Fall. Immer mehr in das Nichts, indem jetzt alles auftaucht. So kann auch Dankbarkeit für diesen kostbaren Augenblick erscheinen, für diesen Moment, in dem Du sein darfst. Fühle diese Dankbarkeit, fühle das Nichts.

Nehme dir jetzt dafür gefühlte ein bis zwei Minuten Zeit.

Dann:

Tagesunterhaltung:

Immer, wenn du dich in dem Nichts erinnerst, erscheint Dankbarkeit. Für alles Leben. Für jede Wahrnehmung. Jeden Gedanken. Jedes Gefühl. Jedes Wort. Jedes Geräusch. Jede Begegnung. Jeden Schmerz.

15. Unterhaltung

Erinnere dich an gestern und deinen ausgesprochenen Beweis.

Sehe diesen als erfüllt an. Erinnere dich an gestern und sehe Situationen, in denen dieser Wunsch erfüllt worden ist. Male dir jede Kleinigkeit aus und fühle, dass der Wunsch erfüllt worden ist. Lass dich hineinfallen! Das Gefühl jetzt ist genauso wirklich!

Jetzt braucht es keinen Beweis dafür, dass alles schon Einheit/Leben ist.

Wenn es keiner Beweise mehr bedarf, wird dieser Moment der einzige sein, den es gibt. Weder wird dich die Zukunft befreien noch die Vergangenheit belasten!

Heute gibt es mal eine „ganz richtige“ Unterhaltung, währenddessen wahrscheinlich viele, sehr viele Gefühle in dir auftauchen werden.

Kannst du dich noch an die Unterhaltung erinnern, in der du jemandem sagst, dass du ihn liebst?

Dies tun wir jetzt noch einmal, allerdings mit einem Menschen, den du nicht kennst, den du zufällig triffst. Ja, ich weiß, du wirst dann „sterben“, wenn du das machst. Das ist wirklich das Ende deines Ichs. Es wird sich auflösen. Mach einmal in deinem Leben etwas, das jenseits deiner Vorstellung ist und von dem du dachtest, dass du es niemals tun kannst (wirst).

Sprich auf der Straße einen wildfremden Menschen an und frage ihn, ob er einen Moment Zeit für dich hat. Sage ihm, dass du liebesfähiger werden willst, dass deine Aufgabe, die du in diesem Buch bekommen hast, darin besteht, einen Menschen anzusprechen, den du nicht kennst. Du sollst ihm etwas sagen, er muss nichts tun, sondern nur zuhören. Ob das ginge und ob er mitmachen würde. Auch wenn du zehn Anläufe brauchst, um diesen Menschen zu finden, umso besser! Es werden viele Gefühle der Zurückweisung in dir hochkommen. Gehe da durch, halte es aus. Lass dich nicht durch die Schmerzvermeidung aufhalten und suche, wenn nötig, einen anderen Menschen. Wenn du das tust, wirst du weggeblasen werden. Nur noch das, was du wirklich bist, wird übrig bleiben.

Sage dem Menschen Folgendes:

(Frage ihn am besten nach seinem Namen und ob du ihn für diese Übung auch duzen darfst.)

(Name des Menschen), ich liebe dich und werde dich immer lieben, gleichgültig, ob du mich jemals lieben wirst oder nicht.

(Name des Menschen), ich liebe dich und werde dich immer lieben, gleichgültig, ob du meine Liebe zurückweisen wirst oder nicht.

(Name des Menschen), ich liebe dich und werde dich immer lieben, gleichgültig, ob du vergänglich bist oder nicht.

(Name des Menschen), ich liebe dich und werde dich immer lieben, gleichgültig, ob wir jemals zusammenkommen werden oder nicht.

(Name des Menschen), ich liebe dich und werde dich immer lieben, gleichgültig, ob du da bist oder nicht.

(Name des Menschen), ich liebe dich und werde dich immer lieben, gleichgültig, ob ich es spüre oder nicht.

Also, wenn du das gemacht hast, verneige ich mich vor deiner Größe, denn dies schaffen nur ganz wenige Menschen.

Falls du es wirklich nicht machen willst und du schon am Überlegen bist, mit den ganzen Unterhaltungen aufzuhören, dann wähle eine Person, die du aus den Medien, Geschichten oder deinen Fantasien kennst und ihm oder ihr nah sein willst.

Dann hast du es auch geschafft. Doch wäre es für dich schon sehr geil, wenn dir die heftige Version gelingen würde. Klar, natürlich, ich habe es auch gemacht und ich bin tausend Tode gestorben.

Tja, hier wird die Ich-Vorstellung letztendlich total aus den Fugen geraten. Es werden alle Glaubenssätze hochkommen, die mit der Vorstellung verknüpft sind, dass Liebe, Einheit und das Leben getrennt und nicht bedingungslos sind.

Falls du wirklich das Gefühl haben solltest, dass du stirbst, wenn du diese Unterhaltungen machst, dann ist das genau richtig. Die Ich-Vorstellung wird sterben und musste auch sterben, damit dies über deine Lippen kommt. Also „stirb" heute!

Viel Spaß. Auf ins Abenteuer!

16. Unterhaltung

Sprich diesen Satz bitte wieder laut und ohne Zweifel aus:

Jetzt braucht es keinen Beweis dafür, dass alles schon Einheit/Leben ist.

Wenn es keiner Beweise mehr bedarf, wird dieser Moment der einzige sein, den es gibt. Weder wird dich die Zukunft befreien noch die Vergangenheit belasten!

Dieses Spiel kannst du auch spielen:

Wähle irgendeine schmerzhafte Geschichte aus der Vergangenheit deiner Figur aus; etwas, was auf jeden Fall hätte anders laufen sollen. Betrachte die Situation und erschaffe eine neue; eine, die sich besser anfühlt und positiv endet. Fühle dich da hinein. Lass die Bilder auftauchen. Sie sind nicht die Vergangenheit deiner Figur, sondern eine mögliche Vergangenheit einer anderen Figur. Auch das bist du. Der Schmerz kann bei deiner alten Figur bleiben. Die Schönheit und das neue Leben können auch sein; diesmal bei einer neuen Figur. Auch dieses darf erscheinen. Du kannst dies immer wieder machen. Die neue Figur, die auftaucht, hat eine neue Geschichte. Warum nicht spielen? Vielleicht bemerkst du, wie sehr du die Geschichte deiner alten Figur eigentlich liebst. Weil das ja die Figur ist! Ohne dieses würde sie jetzt nicht erscheinen können. Das ist die Unendlichkeit der Liebe, das ist die Bedingungslosigkeit. Vielleicht erkennst du, dass jeder Wunsch der Figur einfach fantastisch ist, etwas, was dazu gehört, etwas, was sein darf. Wenn jeder Wunsch schon erfüllt ist, kann wahrgenommen werden, dass jeder Wunsch nur gut ist - rein und liebenswert.

Nehme dir nun eine Situation aus der Erinnerung, die jetzt auftaucht.

Tja, nun kommen wir zum Ende jeder persönlichen Geschichte. Alles geschieht ohne ein Ich, ohne dass etwas getan wird, ohne dass es eine Wahl gibt. Alles, was geschieht, ist Einheit/Leben oder Sein, wenn dir das lieber ist. Alles geschieht ohne einen Grund, es gibt kein Ziel. Alles, was geschieht, alles, was auftaucht, ist Einheit/Leben.

Das bedeutet, dass alles ein Geschenk der Einheit/Leben ist, sozusagen an sich selbst, was natürlich nicht geht, da es ja nur Einheit/Leben gibt. Du bist ein Geschenk an die Einheit/Leben, alles, was du wahrnimmst, ist Einheit/Leben.

Es taucht einfach auf, um zu sein, um alles - ohne Ausnahme - zu sein Es gibt keine Grenzen für das Sein. Alles ist erlaubt und wird gebraucht, um das Sein vollkommen zu machen. Diese Vollkommenheit war natürlich schon immer da. Alles, was du denkst, fühlst, wahrnimmst, ist das Sein, das durch das Fühlen, Denken und Wahrnehmen sein kann. Du bist ein Geschenk an die Einheit/Leben mit allem, was du bist und Einheit/Leben schenkt dir alles, was sie hat. Natürlich ist Einheit/Leben – Einheit/Leben. Es gibt kein Geschenk, also etwas, was getrennt von ihr existiert oder geschenkt werden kann. Das wären ja schon wieder zwei Dinge, aber es fühlt sich einfach für das, was sich als scheinbar getrennt erlebt, geil an, kostenlose Geschenke zu bekommen. Das ist einfach mal etwas Neues für die Trennungsenergie. Sie bekommt etwas, ohne dafür etwas bieten zu müssen. Das alleine knockt sie schon aus.

Dass dabei das alles passiert, ohne dass es jemandem gehört, macht es noch einmal brisanter. Ein Geschenk, das niemandem gehört! Da flippt doch selbst deine Trennungsenergie aus, die das unbedingt haben will.

Du sagst jetzt, was genau geschieht und dass dies ein Geschenk der Einheit/Leben ist, da es niemandem gehört. Immer abwechselnd!

Beispiel:

Sitzen geschieht - und das ist ein Geschenk der Einheit, da es niemandem gehört.

Weinen geschieht - und das ist ein Geschenk des Lebens, da es niemandem gehört.

Denken geschieht - und das ist ein Geschenk der Einheit, da es niemandem gehört.

Hören geschieht - und das ist ein Geschenk des Lebens, da es niemandem gehört.

Ich-Sein geschieht - und das ist ein Geschenk der Einheit, da es niemandem gehört.

Freude geschieht - und das ist ein Geschenk des Lebens, da es niemandem gehört.

Nehme dir jetzt dafür gefühlte ein bis zwei Minuten Zeit.

Dann:

Tagesunterhaltung:

Geschenke haben Bedeutungen. Geschenke sind Beziehungen. Sieh heute überall die Geschenke, die sich in jedem Moment zeigen. Erkenne in der kleinsten Fliege oder dem leisesten Geräusch das Geschenk der Unendlichkeit. Das, was du wahrnimmst, ist ein Geschenk. Immer, wenn du dich im Laufe des Tages erinnerst, sage z. B. „Sitzen geschieht - und das ist ein Geschenk der Einheit und des Lebens."

17. Unterhaltung

Jetzt geht es noch einmal um dein Ich. Da dein Körper einen Bezugspunkt braucht, von dem aus er sieht, riecht, fühlt etc. wird dies irrtümlich als Beweis für die Trennung gesehen. Die Ich-Vorstellung besetzt schnell diesen Bezugspunkt der Trennung. Doch in dieser Unterhaltung geht es darum, dass Einheit/Leben ein Geschenk ist. Auch, dass du immer noch eine Ich-Vorstellung wahrnimmst, das sich auf die körperliche Wahrnehmung gelegt hat. Das ist Einheit/Leben. Dein Ich-Existenz-Gefühl ist ein Geschenk. So, wie das Leben deines Körpers, wie die Augen, die sehen, wie das Herz, das schlägt. Dieses Existenz-Gefühl ist das größte Geschenk von Einheit/Leben, das sich sogar durch das Geschenk scheinbar nicht mehr wahrnimmt und erinnert. Das Existenz-Gefühl **(nicht das Ich-Denken!!!)** ist der Schlüssel, ist alles das, was ist.

Heute, in der Ein-Minuten-Unterhaltung erlebe dich, dein

Existenz-Gefühl, dein Gefühl, dass du existierst, dass du getrennt bist und es scheinbar jemand gibt, dem das alles als reines Geschenk gehört. Es ist da, weil es da ist. Es kann gefeiert werden. Vielleicht entsteht in der Unterhaltung eine Dankbarkeit. Es gibt dich, mit allem, was du bist. Du existierst. Vielleicht erinnerst du dich heute daran, dass jedes Geschenk niemandem gehört. Es ist einfach da. Dein Ich gehört niemandem. Dein Leben gehört niemandem. Es ist einfach da.

Nehme dir jetzt dafür gefühlte ein bis zwei Minuten Zeit.

Dann:

Lass dich nun ganz in die Figur fallen. Jeder Widerstand wird wahrgenommen. Die Figur mit deinem Namen darf ganz und total sein. Du musst nicht wissen, wie es geht!

Dann:

Tagesunterhaltung:

Nutze aktiv diesen Tag, um alle Sicherheiten fallen zu lassen. Es wird sich anfühlen, als wärst du ein rohes Ei, ein Mensch ohne Haut. Lass dich in manchen Momenten in die totale Unsicherheit fallen. Und wieder ist es nicht möglich, das zu verstehen und damit eine Möglichkeit zu haben, es selber tun zu können. Es passiert, ohne dass du etwas dafür machen kannst.

18. Unterhaltung

Heute wirst du keinen Widerstand gegen dich haben. Alles, was aufsteigt und erfahren wird, bist du. Es gibt kein Ziel, es gibt nur dich. Es gibt nur das, was du in der Unendlichkeit bist, gleichgültig, was du erfährst. Das ist alles, was du bist und jemals sein wirst. Kein Widerstand gegen das, was erscheint. Du bist die Hauptfigur in deinem Roman und diese ist genauso, wie sie jetzt sein sollte. Das ist die unendliche Liebe - sie erscheint als du.

Alles, was ist, ist Sein. Alles ist Einheit/Leben. Es gibt keinen Unterschied zwischen der Unterhaltung und der Nichtunterhaltung. In der Unterhaltung erscheint vielleicht Erinnerung. Außerhalb der Unterhaltung vielleicht nicht. Aber beides ist Sein und hat keine Bedeutung für das, was ist.

Innerhalb der Unterhaltung tauchen die Gedanken auf: „Das ist Einheit/Leben". Alles, was in dem Moment wahrgenommen wird, ist Einheit.

Daher wird in dieser Unterhaltung noch einmal richtig Gas gegeben. Sobald die Unterhaltung anfängt, gibt es ein Versprechen, dass alles, was innerhalb der Unterhaltungszeit auftaucht – ausnahmslos Einheit/Leben ist, alles! Sobald irgendetwas auftaucht, das scheinbar nicht Einheit/Leben ist, kommt sofort der Gedanke: das ist auch Einheit/Leben, alles! Ein totales Versprechen, dass in der Zeit alles Einheit/Leben ist. Es werden vielleicht noch einmal vermehrt Sachen auftauchen, die scheinbar nicht zur Einheit/Leben gehören, aber das Versprechen wird ernst genommen und der Gedanke taucht auf – das ist Einheit/Leben. Es geht nicht darum, Einheit/Leben zu erleben oder etwas zu verändern, denn es ist ja schon alles Einheit/Leben, auch Gedanken der Trennung. Doch wird in dieser Unterhaltung einfach ein neuer Gedanke auftauchen: das ist Einheit/Leben.

Du sagst jetzt, was genau geschieht und beendest den Satz mit: „das ist Einheit/Leben". Du kannst auch immer abwechselnd Einheit oder Leben sagen.

Beispiel:

Angst ist Einheit/Leben. Der Gedanke, dass nicht alles Einheit/Leben ist, ist Einheit/Leben. Dass sich mein Ich getrennt fühlt, ist Einheit/Leben. Ich will Einheit/Leben erleben – das ist Einheit/Leben. Es soll anders sein, als es ist – das ist Einheit/Leben. Mein Körper ist von anderen getrennt – das ist Einheit/Leben etc.

Nehme dir jetzt dafür gefühlte ein bis zwei Minuten Zeit.

Dann:

Tagesunterhaltung:

Mit jeder Erinnerung erscheint der Gedanke: das ist Einheit/Leben. Sobald dieser Gedanke wahrgenommen wird, entsteht auch die Erinnerung an den Traum. Im Traum ist alles Einheit/Leben, alles ist Inhalt des Traumes einschließlich des Wahrnehmens des Traum-Inhaltes. Ohne zu wissen, wie es geht, erscheint das Einheitsgefühl im Traum. Du schaust dich um und es taucht der Gedanke: das ist Einheit/Leben, auf. Auch wenn du vergessen hast, dass alles Einheit/Leben ist, ist genau dieses Vergessen Einheit/Leben.

19. Unterhaltung

Lass heute alle Gedanken über deine Vergangenheit hochkommen, alles das, woran du dich erinnerst, was in deinem Leben passiert ist. Siehe in diesem Moment, dass das alles Einheit/Leben war und ist, dass nichts anders sein sollte, nichts auch nur eine Spur verändert sein müsste. Dass das, was jetzt an Erinnerung hochkommt, vollkommene Einheit/Leben ist und du getragen wirst, was immer auch geschieht.

Alles ist eingebettet in die Unendlichkeit, in das Vollkommene. Vielleicht steigt in dir eine Ahnung auf, dass jede Erinnerung, die sich jetzt zeigt, die Wirklichkeit ist. Es gibt keine Vergangenheit. Es gibt keinen Beweis dafür, auch wenn Erinnerungen hochkommen. Erinnerungen tauchen jetzt in der Wahrnehmung auf und sind in diesem Moment genauso hier wie dieses Buch, wie die Wahrnehmung dieses Buches. Es gibt keinen anderen Beweis und dieser Augenblick braucht auch keinen, um zu sein. Jede Erinnerung, die auftaucht, ist eingebettet in Einheit/Leben. Sie ist vollkommen und darin gibt es weder Schuld noch einen Schuldigen.

Nehme dir jetzt dafür gefühlte ein bis zwei Minuten Zeit.

Dann:

Tagesunterhaltung:

Immer, wenn du dich im Laufe des Tages erinnerst, lass dich in das Unbekannte fallen. Sei schutzlos. Lass jede Sicherheit gehen und denke daran, dass du es nicht verstehen kannst. Daher kannst du das Fallen auch nicht tun und trotzdem passiert es. Du brauchst heute keinen Beweis dafür, dass das Leben ein vollkommener Ausdruck ist. Jeder Gedanke, der darin über eine Vergangenheit und Zukunft auftaucht, ist das Universum, das - in diesem Moment - spielt.

20. Unterhaltung

Alles ist im Grunde ein Wunder oder anders ausgedrückt, ein Mysterium. Wunder klingt etwas romantischer als Mysterium, daher werde ich Wunder verwenden. Als wir noch Kinder waren, erlebten wir die Ereignisse als Wunder. Wir staunten über alles, was sich zeigte. Dass alles Leben und Einheit ist, ist ein Wunder. Dass es in der Einheit/Leben das Gefühl eines Ichs gibt, das sich getrennt von der Einheit/Leben wahrnimmt, ist also sowas von einem Wunder!

Ein Wunder ist ja etwas, das der Verstand nicht mehr einordnen kann. Dieser flippt völlig aus und ist verwirrt. Sein Versuch, das Nichtfassbare trotzdem einzuordnen zu wollen, erscheint ebenfalls als Wunder oder Mysterium. Es ist einfach nicht zu erklären. Es ist ein Wunder - und fertig!

Das Wunder wurde wieder in eine Schublade gesteckt und geordnet. Daher erinnere dich heute in der Unterhaltung daran, dass alles ein Wunder ist. Gedanken ordnen nichts mehr ein. Sogar ein Kugelschreiber an sich ist ein Wunder, wenn er nur als das gesehen wird, was er ist und ihm nicht bestimmte Bedeutungen zugeordnet werden.

Du bist ständig von Wundern umgeben, du bist selber ein Wunder. Öffne dich heute in jedem Augenblick der Unterhaltung, dem Wunder. Lass auch wirklich unglaubliche Wunder zu. Setze keine Grenzen. Es könnten ähnliche Sachen passieren: es gibt dich nicht mehr, deine Depression verwandelt sich in Glück, du lächelst einen Fremden an, du sagst jemandem, dass du ihn liebst, ein Stern fällt herab und spricht mit dir. Heute ist alles möglich. Alles ist ein Wunder und es kann noch viel Wundersameres passieren, als du jemals für möglich gehalten hast. Vielleicht ist das größte Wunder für dich heute, dass du erkennst, dass dein ganz normales, absolut gewöhnliches Leben, ein Wunder ist.

Während du gerade diesen Text liest, erkennst du vielleicht, dass die Wahrnehmung, die durch deinen Körper möglich gemacht wird, ein unglaubliches Wunder ist. Durch deine Person, die dies jetzt hier scheinbar liest und glaubt zu existieren, erhält das Leben die Möglichkeit, sich durch Denken, Fühlen und Wahrnehmen auszudrücken. Dies ist das Wundersamste, das es gibt. Es ist so unglaublich fantastisch. Es ist der Hammerwahnsinn, dass du sagst, dass du existierst. Sogar das Wort Wunder ist viel zu nüchtern dafür und kann es nie und nimmer beschreiben.

Heute ist alles ein Wunder. Sage dies zu allem, was du wahrnimmst.

Beispiel:

> *Gehen ist ein Wunder. Denken ist ein Wunder. Autos vorbeifahren zu sehen ist ein Wunder. Angst haben ist ein Wunder. Ich-Sein ist ein Wunder. Schmerzen zu erleben ist ein Wunder.*

Nehme dir jetzt dafür gefühlte ein bis zwei Minuten Zeit.

Dann:

Tagesunterhaltung:

Wenn du dich heute erinnerst, dann daran, dass alles zum ersten Mal geschieht. Der Geschmack einer Kirsche geschieht zum ersten Mal. Das Gehen geschieht zum ersten Mal. Die Berührung einer Hand. Der Abwasch geschieht zum ersten Mal. Alles, was wahrgenommen wird, geschieht das erste Mal und wird auch nie wieder geschehen.

21. Unterhaltung

Sogar zu benennen, ob es Einheit/Leben oder ein Wunder ist, suggeriert, dass alles was ist, auch als Nichtwunder oder als Nicht-Einheit/Leben erlebt werden kann. Doch nun wird kein Unterschied mehr zwischen Einheit/Leben oder Wunder oder Trennung gemacht. Es kann nicht erkannt werden, was getrennt und was Einheit/Leben ist. Es gibt in der Unterhaltung keinen Unterschied, weil nichts mehr benannt werden kann.

Das Einzige, was sicher ist, wäre das, was gerade ist. Es kümmert dich nicht, ob es sich als Einheit/Leben, als Wunder oder als getrenntes Erleben zeigt; ob ein Ich da ist oder nicht, ob etwas getrennt ist oder nicht. Es wird in dieser Zeit nichts miteinander verglichen.

Alles, was da ist, ist da, ohne dass es benannt wird – weder: das ist Trennung, noch, das ist Einheit/Leben. Gefühle können/müssen aber nicht intensiv da sein und gelebt werden.

Denken kann/muss aber nicht intensiv da sein und gelebt werden. Leben kann/muss aber nicht intensiv da sein und gelebt werden. Im Grunde könntest du die ganze Zeit zu allem sagen, was du wahrnimmst: Das ist es und das ist alles.

Wenn Gedanken oder Gefühle auftauchen, sagst du: Das ist es und das ist alles. Wenn du einen Baum siehst: Das ist es und das ist alles. Wenn purer Schmerz da ist: Das ist es und das ist alles.

Beispiel:

Das ist es und das ist alles.

Nehme dir jetzt dafür gefühlte ein bis zwei Minuten Zeit.

Dann:

Tagesunterhaltung:

Sage heute den Satz: „Das ist es und das ist alles", immer, wenn du dich daran erinnerst.

Letzte Unterhaltung

Es gibt keine zeitliche Begrenzung mehr. Diese Unterhaltung ist noch nicht einmal auf diesen Tag beschränkt oder hört in der Nacht oder am nächsten Tag auf. Alles darf sein und ist Sein. Sein kann nicht begrenzt werden und es kann nichts außerhalb des Seins geben. Das Leben ist Unterhaltung.

Vielleicht passiert es, dass du auch aus Spaß noch einmal verschiedene Unterhaltungen wiederholst, oder vielleicht alle. Oder für den Rest deines Lebens jeden Tag noch einmal eine Unterhaltung machst. Vielleicht fährst du jetzt nach diesen anstrengenden Unterhaltungen auch erst einmal in den Urlaub, alles ist möglich und wird eh passieren. Genau das, was auch passieren soll.

Vielleicht geschieht auch, dass nun manchmal Gedanken oder Gefühle auftauchen, die du vorher noch nicht hattest.

Vielleicht wird sich dein Leben total verändern und du merkst es nicht einmal. Vielleicht wird alles so bleiben, wie es ist. Es ist alles in Ordnung so, weil es vollkommen ist. Einheit/Leben hat noch nie Fehler gemacht.

Happy End

So, geschafft!

Also, wenn du dieses Unterhaltungsprogramm gemacht hast, müsstest du viel Anregungen bekommen haben.

Nun weitet sich das Unterhaltungsprogramm nicht mehr auf eine bestimmte Zeit aus, sondern umfasst jede Sekunde deines Lebens. Das, was es natürlich schon immer gemacht hat, doch du weißt ja mittlerweile, dass es nicht dein Leben ist und nie war, weil alles sein darf und niemandem gehört. Das Unterhaltungsprogramm geschieht gerade. Es gibt nichts, was daran verändert werden müsste. Es ist nur für die Unterhaltung da. Es vibriert vor Leben. Es ist ein staunendes Wunder. Es ist voll das, was es ist: total und kompromisslos.

Im Grunde erfährt deine Rolle als Figur nun ein Happy

End. Alle Gefühle können ungefiltert intensiv gelebt werden. Sogar Schmerzen sind einfach da, wenn sie da sind. Alles darf sein, auch wenn nicht alles sein darf; nichts wird getan, auch wenn etwas getan wird; nirgendwo muss angekommen werden, weil nie weggegangen wurde.

Einheit/Leben liebt sich. Schöne Grüße von Einheit/Leben an Einheit/Leben. Du bist das Wertvollste, das Einheit/Leben je erschaffen hat und jemals erschaffen wird und das ohne jeden Grund. Einheit/Leben weiß noch nicht einmal mehr, was Einheit/Leben ist.

Falls du überhaupt keine Veränderung spürst und alles genau so ist, wie vor dem Buch, vor den Unterhaltungen, ja dann ist es fantastisch. Das bedeutet, dass alles schon absolut vollkommen ist. Jede Veränderung, die du glaubtest hier zu finden, hat dich nicht aufs Glatteis geführt. Einheit/Leben ist sich treu geblieben, indem es/sie sagt, dass es jemanden gibt, der echt alles versucht hat, dein Leben zu verändern und es dir schwer zu machen.

Falls Veränderungen passiert sind, dann ist das natürlich auch fantastisch. Doch stelle dir keine Falle, indem du glaubst, dass du irgendetwas getan hast oder das Buch etwas damit zu tun hat.

Sobald du wieder denkst, dass es da jemanden gibt, dem diese Veränderungen passiert sind, gibt es wieder jemanden, dem die Veränderungen nun gehören. Alles gehört wieder jemandem, der nun versucht, ein Nichtjemand zu sein.

Von daher hoffe ich immer noch, dass du keine Glücksmomente und keine ekstatischen Zustände erfahren hast. Ansonsten läufst du ihnen hinterher und übersiehst genau das, was gerade bei dir erscheint, seien es Depressionen oder anderes übles Zeug. Genau das ist, was Einheit/Leben ist, wenn Einheit/Leben überhaupt wüsste, was Einheit/Leben sein könnte.

Dadurch, dass du vielleicht erkannt hast, dass das Ich nur eine Vorstellung ist, die niemandem gehört, kann die Trennung weggefallen sein. Es geht nicht darum, jetzt ein distanziertes Leben zu führen, da es ja niemanden gibt, der Gefühle haben oder dem etwas passieren kann. Wenn du die Trennung als Einheit/Leben erkennst, kann es durchaus passieren, dass nun ein Leben "vor deiner Türe steht", das Gefühle und Gedanken zulässt, es weniger Kontrolle gibt und um die Angst keine Geschichte mehr "gesponnen" wird.

Vielleicht dachtest du, wenn du mit dem Buch fertig bist, dass du ein liebevoller, netter Mensch wirst, der weniger intensive Gefühle hat und über den Dingen steht. Doch wie du wahrscheinlich erfahren hast, passiert genau das Gegenteil. Es gibt niemanden mehr, der über den Dingen stehen kann, niemanden mehr, der Gefühle kontrollieren könnte, niemanden mehr, der das Leben einengt. Das Leben ist einfach endlich, was es ist.

Tatsächlich, du bist am Ende angekommen. Nun schau auf die erste Seite, auf der du notiert hast, welche Beweise es für dich braucht, nach einundzwanzig Unterhaltungen zu erfahren, wer du wirklich bist. Schau dir jeden Satz an und erkenne, dass dies erreicht worden ist. Es geht nur um einen einzelnen Augenblick, der jetzt in deinem Gewahrsein erscheint. Nur das zählt. Du bist das, was jetzt auftaucht! Alles andere ist eine gute Geschichte!

Da du ohne Zweifel die Wünsche ausgesprochen hast, werden sie auch auf jeden Fall erfüllt worden sein, vielleicht anders, als du gedacht hattest. Alle deine Beweise wurden für einen Moment erfüllt. Du stehst nun da - wieder nackt und wunschlos.

Alle Beweise werden jetzt in dieser einen Erinnerung erfüllt, die aufsteigt. Es gibt keine Vergangenheit, die dich jetzt überzeugen lässt. Es gibt nur das Jetzt, in dem schon alles erfüllt ist.

Es gibt nichts mehr und ein Zertifikat

Du hast durchgehalten. Du hast bestimmt viel erlebt. Das Sein war die ganze Zeit anwesend. Nun weißt du, warum es ein Segen ist, depressiv zu sein. Ich hoffe, dass du nicht sauer auf mich bist, wenn du ein paar Glücksmomente hattest oder dein Rechthaben über dein Leid infrage gestellt wurde. Nun weißt du, warum es ein Segen ist, genauso zu sein, wie du bist. Dass du ein absolutes Geschenk bist, das Einheit/Leben mit offenen Armen entgegennimmt. Nichts, aber auch gar nichts ist falsch an dem, wie du bist. Du bist vollkommen. Es kann nicht anders sein, weil du bist. Sogar, dass du dich nicht vom Leben berühren lässt, dass du immer noch Schmerzen vermeidest, ist vollkommen, weil es niemanden gibt, der wählen könnte.

Vielleicht sind immer noch Depressionen da, vielleicht kommen sie wieder, vielleicht hat sich dein Ich spontan aus dem Staub gemacht oder ist immer noch da. Vielleicht sitzt du auf einmal im Paradies und dabei hat sich eigentlich nichts verändert. Vielleicht bist du auch noch in der Hölle und versuchst, das Paradies zu erreichen. Es gibt so viele Möglichkeiten.

Doch ist das alles das Sein, das davon nicht berührt wird. Es ist immer da. Es ist die Heimat, die herbeigesehnt wurde. Es ist das Zuhause, das nie verloren ging. Es ist das Kostbarste, das es gibt, weil es auch das Einzige ist. Nichts kann es zerstören oder vergessen. Nichts muss gesucht werden oder ist unvollkommen. Es ist das Leben, das vor Leben vibriert. Es ist Einheit, vollkommen, energetisch und unbeschreiblich. Es ist das, was du bist.

Es gibt nur das.

Da du tatsächlich durchgehalten hast und für würdig empfunden wurdest, will dir Einheit/Leben ein Zertifikat ausstellen. Dieses bitte unbedingt in deinem Zimmer aufhängen, so, dass andere gleich wissen, woran sie sind und du es immer vor Augen hast.

Allerdings solltest du das nur tun, wenn du auch das vollständige Unterhaltungsprogramm gemacht hast. Tut mir Leid, erst dann wirst du für würdig empfunden.

Soweit ich weiß, ist es das erste Zertifikat in dieser Art und nur wenige Menschen haben davon eins. Durch diese Zertifizierung wird dein Selbstbild endlich überzeugt und hat einen letztendlichen Beweis und dadurch müssen keine Zustände mehr gesucht oder etwas verändert werden. (Bitte auf der gestrichelten Linie deinen Namen eintragen.)

Aber oh, keine Panik! Falls du alles, was bis jetzt geschrieben wurde, übersprungen hast, weil du scharf auf die Urkunde bist, dann gibt es natürlich eine Lösung. Ich will ja kein Spielverderber sein oder dich dazu anstiften, zu schummeln. Heutzutage ist Einheit/Leben etwas ungeduldig und will einfach alles haben. Du kannst dir auch das Zertifikat aufhängen, wenn du den Weg der unendlichen Liebe gehst. Das geht eh meistens besser, als nicht mehr zu sein.

Damit Einheit/Leben aber daran auch ein bisschen Spaß hat, stellt es die folgende Aufgabe:

Gehe zu fünf unterschiedlichen Personen in deinem Leben hin und teile ihnen von Angesicht zu Angesicht mit, wie sehr du sie liebst. Wenn sie anfangen, daran zu zweifeln, überzeuge sie, beweise es ihnen mit deiner absoluten Liebe, bis sie keinen Zweifel mehr haben.

Falls du schon Kinder hast: Nein, das ist zu einfach, deinen einjährigen Sohn oder deine Tochter davon zu überzeugen.

Also, die Menschen dürfen nicht jünger als acht Jahre sein. So, und wenn du das gemacht hast, weiß Einheit/Leben, dass du den Weg der Liebe gehst und jeder Beweis dafür hinfällig wird.

Einheit/Leben gratuliert dir herzlichst:

Zertifikat

Einheit/Leben bescheinigt hiermit, dass

____

(Name)

erfolgreich Einheit/Leben ist.

Einheit/Leben hat die oben genannte Person geprüft und bewertet.
Jedwede Trennungsenergie wurde einer genauen Qualitätsuntersuchung unterzogen und gesehen, dass sie niemandem gehört.

Für den Geltungsbereich – absolutes Sein – ist die oben genannte Person im absoluten Sein.

Durch eine intensive Zeit, unter Beobachtung von Ein-heit/Leben, wurde der Nachweis erbracht, dass die oben genannte Person, Einheit/Leben in der täglichen Praxis ist und somit das Prädikat "zertifiziertes Sein" verliehen bekommt.

Einheit/Leben hat sich als Einheit/Leben wiedererkannt und braucht keine Erinnerung mehr und damit keinen Beweis, dass es Einheit/Leben ist.

Einheit/Leben als Qualitätsbeauftragter

Ort: Hier Datum: Jetzt

Lieber Leser, nun ist es so weit, du hast die Unterhaltung gemacht und vielleicht sogar das Zertifikat bekommen. Doch gibt es für dich nun einen dritten Teil **„Erleuchtung ist etwas für Anfänger!"** Dort wirst du noch etwas Material zum Wahnsinnigwerden finden. Es wird deinen Verstand noch mal durcheinander schütteln und nichts zurücklassen - doch: **DICH!!!**

Daher empfehle ich dir, den dritten Teil erst zu lesen, wenn du das ganze Unterhaltungsprogramm auch gemacht hast. Ansonsten kannst du echt gar nichts damit anfangen. Du würdest wahrscheinlich eher ärgerlich werden und das Wunder des Lebens wieder sehr nüchtern betrachten.

Das Buch, auch als E-Book, ist auf amazon.de bestellbar. **„Erleuchtung ist etwas für Anfänger!"**

Das Ende unserer Geschichte

ist jetzt.

Was gibt es mehr zu sagen?

Vielleicht noch dieses:

Dieses Buch kann nur über amazon.de bestellt werden.

Sowie:

Super! Ich bin depressiv und auch noch aufgewacht!

Warum Sinnlosigkeit/Einsamkeit kurz vor und nach dem Erwachen erscheinen.

Nondualer Frühjahrsputz

(Das Buch solltest du eigentlich vor diesem Buch gelesen haben.) ;)

Sowie:

Erleuchtung ist etwas für Anfänger!

Advaita und Nondualität

im Fühlen der Lebendigkeit

(Bitte erst lesen, wenn du „Super! Ich bin depressiv und auch noch aufgewacht!“ *und* „Übungen zum Erwachen!“ *der Bücher durchgelesen hast.)*

Sowie:

Aufgewacht und geht‘s noch schlimmer?

Eine Autobiografie

im Fühlen der Lebendigkeit

(Da es viele Anfragen nach dem Autor der obigen Bücher gab, habe ich das Leben eines Suchenden aufgeschrieben, der ernsthaft bemüht war, erleuchtet zu werden, und nur das Leben gefunden hat. Vielleicht wird es dir helfen, deine Suche nicht mehr so ernst zu nehmen und über meine zu lachen.)

Das Buch: „Du bist das Ziel des Lebens!“ geschenkt bekommen!

Wenn du mir schreibst (ramolalu@gmail.com) und ein kleines Rätsel löst, dann schenke ich dir per E-Mail als PDF Datei mein Buch: „Du bist das Ziel des Lebens!“

Einfach deswegen, weil du das Ziel des Lebens bist!

Falls du Fragen, Anregungen, Kritiken hast, melde dich doch bei mir:

Raphael

ramolalu@gmail.com

Da dieses Buch „handgestrickt" wurde, finden sich vielleicht Rechtschreibfehler. Falls Ihr welche findet, meldet sie bitte.

Wenn dir dieses Buch gefallen hat und du es ins Englische oder in eine andere Sprache übersetzen möchtest, damit viele Menschen an diesen Gedanken teilhaben können, freue ich mich über eine E-Mail.

10286325R00085

Printed in Great Britain
by Amazon.co.uk, Ltd.,
Marston Gate.